KB053156

부의 통찰

돈의 규칙을 꿰뚫어 찾아낸 5단계 부의 열쇠

BM 황금부엉이

추천사

많은 재테크 서적이 있지만, 직장인 입장에서 하나부터 열까지 차분하게 설명해주는 책은 많지 않습니다. 이 책을 보고 있으면 투자 멘토를 넘어 인생 전반의 멘토를 찾았다 싶은 생각이 듭니다. 사실 투자는 인간 심리에 근거한 행위라 저자처럼 심리적인 부분을 건드려주면 실제 투자에서도 많은 성과를 낼 수 있습니다. 요즘 탁 터놓고 얘기할 사람 찾기가 쉽지 않은데 이 책처럼 가까운 직장 선배가 투자와 삶에 대해 친절하게 상담해주듯 풀어낸 책이라면 충분히 소장할 가치가 있지 않을까요?

대부분의 사람들은 자신과 주변 사람을 비교하며 살아갑니다. 저도 제 주변의 삶이 전부라 여기고, 그 안에서 괜찮은 사람을 롤모델로 삼아 직장생활을 했었습니다. 제가 퇴사 후 크게 깨달은 것은 평균이라 믿었던 삶이 절대 평균이 아니었다는 겁니다. 저자도 이에 대한 얘기를 풀어가며 시작 단계에 있는 분들, 또는 회사를 전부로 여기고 살아가는 분들에게 따끔한 일침을 가합니다.

그는 임원의 꿈을 접고 휴직 후 캐나다행을 결심했습니다. 그렇게 결심하기까지 말 못할 일들이 많았을 것입니다. 살면서 빈번히 만나게 되는 외부 충격을 꾸준히 나아갈 동력으로 삼아서 자신만의 무기를 만든 그만의 이야기는 분명 큰 도움이 될 것입니다.

세상은 지금도 급변하고 있습니다. 변화를 따라잡을 수 없다면, 저자의 말처럼 1등 기업에 꾸준히 투자하고, 이들 기업의 변동성을 헷지하기 위해 부동산 투자를 비롯한 다양한 급여 외 소득을 만들어가길 바랍니다. 비슷한 길을 걸어가는 1인으로서 독자 여러분의 건투를 기원하며 응원의 메시지를 남깁니다. 모두들 꿈꾸는 그 자리에 오를 수 있길 기원합니다.

-루지, 《월급쟁이 부자의 머니 파이프라인》 저자

추천사

영화 <매트릭스>는 동시대 사람들에게 엄청난 정신적 충격과 영향을 주었습니다. 우리가 살고 있는 세상이 진짜가 아닐 수도 있다는 생각을 처음으로 하게 만든 영화였기 때문입니다. 자유롭다고 믿었던 곳이 실제로는 보이지 않는 손에 의해 통제받는 매트릭스 세상이고, 진짜 세상은 따로 있다는 스토리는 당시 온라인이라는 새로운 세상에 심취해 있던 젊은 세대를 열광시켰습니다.

영화 <매트릭스>가 제시했던 세상을 보는 프레임 '보이지 않는 손에 의해 의식을 통제받는다는 설정'은 당시보다 지금이 더 현실적이고 무섭게 느껴집니다. 자본주의 세상은 거대한 매트릭스 세계입니다. 영화 속 스미스 요원들처럼 자본주의 시스템을 이루는 기업, 정부, 자본은 보험, 연금, 급여, 복지, 규제 등 보이지 않는 제도와 시스템을 통해 사람들로 하여금 요람부터 무덤까지 경제적으로 정해진 삶을 살도록 길들입니다. 이렇게 대부분의 사람들이 정해진 삶을 사는 사이, 자본주의 매트릭스를 깨달은 소수는 시스템을 이용하여 부를 획득하고 경제적 자유를 누리고 있습니다.

이 책의 저자는 자본주의 매트릭스를 먼저 탈출한 후 사람들에게 실체를 알리기 위해 고군분투하는 모피어스 같습니다. 자본주의의 진짜 실체를 알려주고 경종을 울린 후 그것을 탈출할 방법을 소개하는 책의 여정은 마치 모피어스가 네오에게 매트릭스를 탈출하기 위해 빨간 약과 파란 약 중에서 선택하라고 말하는 장면을 떠올리게 합니다. 책을 읽는 동안 마음이 찹찹하고 무거웠다면, 때로는 반발심이 들었다면 더욱 좋습니다. 그만큼 자본주의 매트릭스를 알아채고 벗어날 준비가 되어 있다는 반증이기 때문입니다. 그렇다면, 남은 것은 진짜 자유인 경제적 자유를 얻기 위해 행동하는 것입니다. 저자도 했으니 같은 알약을 삼킨 여러분도 할 수 있습니다.

-대치동 키즈, 《내 집 없는 부자는 없다》 저자

추천사

코로나19 사태와 함께 2020년과 2021년에는 폭발적인 유동성 확장에 의해 모든 자산이 상승했습니다. 반면, 그것을 비웃기라도 하듯 2022년 시장은 많은 투자자들에게 좌절을 주고 있습니다. 싸늘해진 투자 심리는 "바닷물이 빠지고 나면 누가 발가벗고 있었는지 알 수 있을 것"이라는 워런 버핏의 말처럼 하락장이 오면서 더욱 민낯을 드러내는 중입니다.

투자 수익을 내는 방법을 알려주는 책은 많지만, '평범한 직장인으로서 어떻게 살아가야 경제적으로 나아질까?'에 대해 깊이 생각해보게 해주는 책은 많지 않습니다. 다들 빨리 부자가 될 수 있는 비법만 찾기 때문입니다. 그러나 재테크의 핵심은 비법보다는 자산 확장의 지속성에 있습니다. 자산이란 항상 오를 수만은 없고, 자산의 하락 사이클에서 버티는 힘이 필수입니다. 버티는 힘은 독립적인 사고를 통한 스스로의 가치관과 투자관의 정립에서 만들어집니다.

그런 면에서 저자의 경험이 녹아든 이 책은 그 길을 찾는 방법을 알려줍니다. 그 투자관을 견고하게 만들기 위한 생각거리와 과정을 안내하여 자산 시장에서 오래도록 살아남을 수 있는 자본주의 생존법을 깨닫게 해줍니다.

이 책이 현 시대를 힘겹게 살아내고 있는 직장인들과 사회 초년생들에게 경제적 자유를 위한 하나의 나침반이 되어줄 것이라 믿습니다.

-한걸음, 《더 늦기 전에 당신이 자본주의를 제대로 알면 좋겠습니다》 저자

추천사

갈수록 빨라지고 심화되는 양극화, 달리지 않으면 따라가기조차 벅차 보이는 현실, FOMO(Fear Of Missing Out) 증후군을 이겨내고 벼락 거지가 되지 않기 위한 사람들의 몸부림. 이는 오늘날 우리가 살아가는 자본주의 사회의 단면입니다. 이런 냉혹한 현실에서 생존하기 위해 사람들은 책은 물론 유료 강의나 유튜브, 블로그 콘텐츠까지 섭렵하려 하지만 어떻게 접근해야 할지 몰라 막막하기만 합니다.

이 책은 답답한 마음으로 살아가는 현대인들에게 자본주의의 냉혹한 현실은 물론 반드시 이해하고 체화해야 할 필수 정신과 습관 등을 쉬운 언어와 예시로 소개하고 있습니다. 뿐만 아니라 타인이나 회사를 위한 삶이 아닌 스스로가 행복하고 여유로운 삶을 살 수 있는 방법도 알려주고 있습니다.

이 책은 갈피를 잡지 못하고 이리저리 헤매고 있는 이들의 시간 낭비를 최소화하여 모두가 갈망하는 경제적 자유로 한걸음 더 나아가게 하는 나침반이자 지침서가 될 것입니다. 행복하고 풍족한 미래를 꿈꾼다면, 지금 당장《부의 통찰》을 펼쳐보세요. 여러분의 미래는 여유롭고 행복할 것입니다.

-수미숨,《미국주식 처음공부》저자

프롤로그

세상에서 가장 무서운 지옥은 무엇일까? 내가 생각하는 가장 무서운 지옥은, 견딜 만한 지옥이다. 상황은 조금씩 나빠지고 있는데, '견딜 만큼만' 힘들어서 탈출할 생각을 하지 못하게 만든다.

나에게는 직장 생활이 그랬다. 직장 생활을 시작하면 처음에는 모든 것이 낯설다. 회사의 문화와 규칙, 복잡한 인간관계에 적응하는 것이 어렵다. 많은 것이 부조리하고 불합리해 보이고, 다양한 이해관계가 충돌하는 곳에서 자신의 주관을 유지하기도 쉽지 않다. 하지만 어느 순간 익숙해지면, 직장 생활이 점점 할 만해지기 시작한다. 인간은 적응하는 동물이기 때문이다. 문제는 이때부터 발생한다. 스스로를 설득하고 합리화하기 시작하는 것이다. 이 정도는 괜찮지 않아? 다들 이렇게 사는 것 아니야? 자신의 모든 것을 회사에 맞추기 시작하고, 사생활을 조금씩 포기하면서 회사는 점점 자신의 전부가 되어간다.

회사를 그만두고 싶은 시기는 주기적으로 찾아온다. 하지만, 그 고비를 잘 넘기고 나면 다시 견딜 만해진다. 나에게는 그러한 슬럼프 혹은 현실 자각이 3년마다 찾아왔다. 3년, 6년, 9년, 12년 차의 방황을 견디고 나면 다시 무덤덤해졌다. 이런 사이클이 반복되다보니, 상황이 나빠지더라도 견딜 수 있게 됐다. 통증에 익숙해지면 아픈지도 모르듯 부조리에 익숙해지면 부조리한지도 모르게 된다.

그러다가 직장 생활을 도저히 견디지 못하는 순간이 오거나 갑자기 직장에서 나가라고 한다면 이런 생각이 들게 된다. '그동안 오로지 돈을 벌기 위해 회사에 다닌 것이었구나.' '내가 돈이 있었다면, 지금까지 회사에 얽매여 있지 않았을 텐데.' '회사 임원들은 성공의 상징처럼 보였는데, 그들도 우리처럼 돈 때문에 직장을 다닌 직장인이었을 뿐이구나.'

아직 직장을 그만둘 아무런 준비가 되어 있지 않은 상태라면, 현재가 그저 견딜 만해서 움직이고 있지 않은 것일지도 모른다. 하지만 상황은 어느 순간, 갑자기 견디기 힘든 상황으로 변할 수도 있다. 나는 여러 번 그런 상황에 맞닥뜨렸고, 도저히 견딜 수 없는 순간이 되어서야 움직이기 시작했다. 다행히 그렇게 늦지 않은 시점이었다. 나는 그 순간을 만난 것을 인생 최고의 행운이라고 생각한다.

직장은 돈을 벌기 위한 여러 가지 수단 중 하나일 뿐이다. 하지만, 아직도 직장을 돈을 벌 수 있는 유일한 수단이라고 생각하는 사람들이 많다. 투자를 하든, 사업을 하든, 부업을 하든, 블로그를 쓰든, 우리에게 주어진 수많은 옵션들이 있는데 말이다.

지금 당신이 견딜 만한 상황에 있다고 절대 안주해서는 안 된다. 상황은 아주 조금씩 나빠지기 때문이다. 평소에 회사를 그만둘 수 있는 준비를 하지 않은 사람은 나중에 하루라도 더 회사를 다니기 위해 노력하게 된다.

그때는 임원이 되고 싶었다

나는 '흙수저'라고 할 수 있다. 부모님에게 충분한 사랑을 받고 자랐지만 경제적인 도움은 거의 받지 못했다. 그런 내가 성공할 유일한 방법은 좋은 회사에 들어가서 임원이 되는 것이라고 생각했다.

대학을 졸업할 당시 나는 글로벌 회사에서 인재가 되는 방법에 대한 책을 주로 읽었다. 지금은 제목이 생각나지 않지만 토종 한국인으로 글로벌 기업의 본사에서 임원이 된 어떤 분의 책을 보고 가슴이 뛰었다. 나도 그와 같이 되고 싶었다. 하지만 해외에 지원할 정도의 영어 실력을 가지고 있지 않았다. 그래서 한국에 지사가 있는 누구나 알 만한 100여 개의 외국계 회사에 이력서를 보냈다. 5군데에서 면접을 보고 3개 회사에 합격했다. 그중 가장 유명한 회사를 선택해서 지금까지 15년 동안 근무를 했다. 당시에는 대단한 회사에 들어갔다는 사실에 날아갈 듯이 기뻤다.

입사한 지 몇 년 되지 않아 전략기획실과 같은 핵심 부서로 발령을 받았다. 세상을 다 가진 것 같았다. 부사장, 전무 등 중역들 대부분이 거친 부서였으니 엘리트 코스를 밟는 것이나 다름없었다. 괜히 어깨에 힘이 들어갔고, 회사와 상사에 대한 충성심은 이루 말할 수 없이 커졌다.

그 후 2년간 정말 미친 듯이 일했다. 주말까지 포함한 매일이 일하는 시간이었다. 하루에 4시간도 제대로 못 자는 생활이 6개월 동안 이어지기도 했다. 지하철, 회사 화장실, 심지어 회식 자리에서도 모자란 잠을 보충했다. 침대에 누워 있는 시간은 5~6시간 정도였지만 그날 끝내지 못한 일, 낮에 했던 실수들, 내일 해야 할 일들이 끊임없이 머릿속에 떠올라 도저히 잠을 잘 수가 없었다. 핵심 부서였기 때문에 사장, 부사장, 파트너 회사와의 미팅과 출장 및 저녁 자리도 많았다. 술을 마시지 않는 날보다 마시는 날들이 훨씬 많았다. 노예 생활과 무엇이 다른지 알 수가 없다. 취미 생활은커녕 갓 태어난 아이와 함께하는 시간도 낼 수 없었다. 아내에게 몇 년만 기다려 달라고 했지만, 그렇게 말하는 순간에도 시간이 지난다고 상황이 나아질 거라는 확신은 들지 않았다.

한마디로 '나'란 인간은 존재하지 않고 '회사의 부속품'만 남은 것이다. 그렇다고 그전보다 연봉이 높은 것도 아니었다. 열심히 일하면 좋은 인사 고과를 받아 승진에 도움이 되고 임원이 될 수 있다는 희미한 희망만 있을 뿐이었다.

언제부터였을까. 잠자리에 들어도 잠이 안 와서 해외 이민이나 1년 살기에 대해 찾기 시작했다. 새로운 생활에 대한 희망을 안고 시작했지만, 경제적인 이유와 용기 부족 등으로 실망하는 생활을 반복했다. 그렇게 현실 도피의 상상을 하면서 많은 시간을 보냈다.

현실을 자각한 결정적인 계기는 허리 디스크였다. 허리 디스크로 두 번이나 입원을 했다. 첫 번째도 힘들었지만, 두 번째는 지옥이었다. 두 번째 허리 디스크가 터졌을 때, 의사는 다시 걸을 수 없을지도 모른다고 말했다. 그만큼 상태가 심각했다. 내가 아무것도 못하고 누워만 있는 모습을 상상하니 끔찍했다. 아내와 두 아들에게 줄 수 있는 게 하나도 없다는 사실에 망연자실해졌다. 통장에는 100만 원도 남아 있지 않았다. 혹시라도 다른 통장이 있는지 찾아보기도 했다. 나의 무력함에 분노가 치솟아 며칠을 울며 지냈다.

그때 결심했다. 이제는 회사가 아닌 나를 위해 살아야겠다고. 병원에서 퇴원한 직후부터 내가 할 수 있는 것들을 하나둘 적기 시작했고 그 생각들을 실행하면서 여기까지 왔다. 지금은 열심히 운동을 해서 허리도 많이 나아졌지만 언제든 다시 허리 디스크가 터질 수도 있다고 생각한다. 이는 나에게 주는 일종의 경각심이다.

냉정하게 보면, 회사의 임원은 상위 1%만 될 수 있다. 나는 왜 그 목표를 쉽게 이룰 수 있을 거라고 생각했을까? 설사 임원이 된다고 해도 더 바쁜 일상이 기다리고 있고, 리더십에 대한 의심과 성과에 대한 압박에 끊임없이 시달리게 된다. 임원이라는 꿈을 이룬다 해도 내 삶은 없을 것이 뻔했다.

회사는 나를 자산의 일부분으로 생각하는데, 내가 회사를 전부라고 생각하는 것 자체가 애초에 말이 되지 않는다. 내 명함에서 회사 이름을 지우면 초라한 내 이름만 남는다. 나는 회사 이름을 지우고도 남는 나만의 이름을 만들어야 한다고 생각했다. 나는 회사에서 성공한 사람이 아닌, 그냥 나 자신으로서 성공하고 싶었다. 그러기 위해선 경제적 자유가 필요하고, 그 자유를 누리기 위해선 자본주의와 투자 공부를 해야 한다고 생각했다. 돈의 노예가 아닌 돈의 주인이 되고 싶었다.

그때부터 투자 마인드 및 재테크 관련 책을 읽기 시작했다. 회사에서 요구하는 일 이상은 하지 않으려고 의식적으로 노력했다. 회사 내에서 인맥을 다지고자 노력하지도 않았다. 반면, 직장인으로 할 수 있는 투자나 도전은 웬만하면 다 해보면서 7년을 보냈다. 서울에 있는 부동산을 매수했고 여러 가지 부업도 했다. 중국, 러시아 등에서 물건을 떼어와 판매하기도 했고, 네이버 카페를 여러 개 운영하면서 현금 흐름을 만들기도 했다. 블로그를 시작했고, 전자책도 판매했다. 막대한 수익을 얻은 것은 아니지만 식견을 높이는 데는 큰 도움이 되었다.

특히, 주식 투자를 통해서는 초기 대비 수십 배의 수익을 거둘 수 있었다. 입사 초기부터 자사주 등을 통한 장기 투자 습관을 15년 동안 유지했다. 처음 투자한 시점 대비하여 자사주에서 7년 동안 300%, 애플에서 7년 동안 700% 수익을 거두었다. 지금은 테슬라에 집중 투자를 하고 있으며, 2년 동안 150%의 수익을 거두고 있다.

이렇게 모은 자산은 직장에서 평생을 일해서 벌 수 있는 돈의 규모를 넘어섰다. 지금은 몸도 마음도 전혀 아프지 않다. 지금은 회사를 잠시 쉬면서 가족들과 함께 캐나다에서 지내고 있다. 이곳에서 얼마나 오래 머물지 모르겠지만, 우리 가족에게 재충전을 위한 충분한 시간을 주려고 한다. 지금 나는 인생에서 가장 행복한 순간을 살고 있다.

명심해야 한다. 자본주의는 빈곤에 대한 두려움을 느끼게 해서 노동하게 만드는 시스템이다. 빈곤에서 벗어나지 못한다면 우리는 평생 일해야 한다. 하지만 두려워하지 말자. 내가 자본주의를 먼저 이해하고 활용한다면, 자본주의는 결국 나를 위해 작동할 것이다.

이 글을 쓰는 이유

시중에는 좋은 책들이 너무도 많다. 수천억, 수조 원의 자산가들이 성공 노하우를 나눈 책도 많다. 대부분이 뛰어난 성공 아이디어를 담고 있지만, 그들의 글은 내 삶과 동떨어진 다른 세상 같았다.

가끔 주식 투자를 통해 단기에 큰 수익을 올리는 방법 등을 말하는 책을 본다. 몇백만 원을 투자해서 몇백억 원을 벌었다는 이야기도 들린다. 이런 이야기들이 솔깃하겠지만, 그것은 대부분의 사람에게 적용되지도 않고, 그 과정에 생각보다 큰 운도 필요하다. 그들이 다시 그 방식으로 투자를 한다 해도 같은 성적을 낼 수 있을지도 의문이다. 그런 지식들은 위험하다. 일부의 성공과 다수의 실패를 남기기 때문이다. 가장 빠르게 부자가 되는 방법은 빠르게 부자가 되지 않으려는 마음에서 비롯된다고 믿는다.

내 블로그의 글을 읽은 사람들이 나에게 인생과 투자에 대한 질문을 할 때가 있다. 그분들에게 조언을 하면서 느낀 점이 있다. 내가 수백억, 수천억의 재산을 가진 사람은 아니지만 누군가에게 조언을 할 수 있는 사람이라는 것이다. 나에게 조언을 구하는 분들도 엄청난 돈을 벌길 바라지 않는다. 나처럼 평범한 수준에서 경제적 자유를 이룰 수 있는 방법을 찾고 있을 뿐이다.

나는 10명이 도전하면 한두 명만 성공하는 방법이 아닌, 도전한 대부분이 성공하는 방법에 대해 이야기하고 싶다. 오늘은 성공하고 내일은 실패할 방법이 아닌, 평생에 걸쳐 성공하는 습관을 쌓는 방법에 대해 이야기하고 싶다. 이 책은 그런 방법에 대해 이야기하고 있다.

나는 평범한 직장인이다. 남들보다 조금 먼저 경제적 자유의 길을 걸어간 경험이 나와 같은 평범한 사람들에게 도움이 될 수 있을 거라고 생각한다. 그래서 보통사람도 쉽게 성공할 수 있는 방법에 대해 쓰고자 했다. 많은 사람들이 이 책을 읽고 대한민국 자본주의 사회를 살아갈 수 있는 꿈과 용기와 지혜를 얻기를 바란다. 또한 이 책에는 나처럼 경제적 자유를 위해 달린 사람들의 경험도 녹여냈다. 그들의 이야기가 이 책의 내용을 더 풍성하게 해줄 것이다.

지금부터, 당신에게 들려주고 싶은 나의 이야기를 시작해보겠다.

차례

2단계 자본주의 필수 정신

3단계 자본주의 필수 습관

4단계 돈을 버는 방법

5단계 돈만큼 중요한 것들

04
건강

05
나 자신

1단계

자본주의의 냉혹한 현실

#직장 생활 = 노예 생활
#어디까지가 근로 시간인가?

직장 생활

대학을 졸업한 후 누구나 알 만한 회사에 취업했다. 소득이 전혀 없는 삶을 살다가 매달 월급을 받으니 뿌듯해졌다. 한동안 이름 있는 회사에 취업했다는 자부심에 취해서 살았다. 부모님도 나를 자랑스러워했고, 나도 인생을 성공적으로 살고 있는 것만 같았다. 지금 생각하면 웃음이 나오지만, 그 시절에는 회사 임원까지 목표로 삼았었다.

당시 '최고의 인재가 되는 법', '직장에서 성공하는 법', '임원이 되는 법' 같은 주제의 책을 많이 읽었다. 남들보다 먼저 지원하고,

많은 일을 하고, 주말에도 일했다. 그러했기에 최우수 사원상도 2번이나 받았다. 인사 고과도 높게 받았고, 조기 진급도 했다.

어느 순간부터 참 이상하다는 생각이 들었다. 남들보다 일을 많이 하고 성과도 잘 내지만, 연봉은 5~6% 정도 인상되는 것이 전부였다. 내가 전년 대비 30% 이상의 성과를 내도 연봉 인상률은 언제나 미미했다. 일을 잘할수록 더 많은 일이 주어질 뿐이었다.

점점 이런 생각이 들기 시작했다. 평생 회사에 헌신해도 부자가 되기는커녕 노후도 넉넉할 수 없을 것이라고, 더 많은 돈을 벌기 위해선 더 많은 희생을 해야 하는 구조에서 내가 살고 있다는 것을, 회사는 직원이 퇴사하지 않을 정도로만 월급을 준다는 것을. 이렇게 좋지도 나쁘지도 않은 상황에서 다른 대안이 없기에 대부분의 직장인들은 회사에 계속 머물게 되는 것이다.

직장인, 노예의 다른 이름

그때 나는 잘못된 선택을 했다. 내 몸값을 올리고 싶다는 막연한 생각으로 미국 경영 대학원에 가기 위해 MBA 공부를 시작한 것이다. 그것이 내가 성공할 수 있는 유일한 방법이라고 생각했다. 공부를 더 하면 성공할 수 있을 것이라고 믿었던 시절이었다. 1년 넘게 자는 시간을 아껴가며 공부했다. 결국에는 점수가 안 나와서 포기했다. 생각해보면 다행이었다. 아니면 지금쯤 고급 노예로 살고 있을 게 뻔하다.

그 이후에도 회사의 부조리는 여전했고 부당한 대우는 계속되었다. 가고 싶은 않은 술자리와 정답이 아닌 것 같은 상사의 지시 등 내 의지와 상관없이 해야 하는 일들이 점점 많아졌다.

고백하자면, 직장 따돌림도 경험했다. 한 선배는 내가 마음에 안 든다며 몇 년 동안 나에게 말도 걸지 않았다. 주변 사람들까지 포섭해서 나를 회사에서 내보내려고 했는지도 모른다. 사람의 마음을 어떻게 확실하게 알겠는가? 다만, 어떻게 사람이 이렇게 악할 수 있을까 생각했다.

아부는 내 성격에 전혀 맞지 않았다. 가까운 선배나 동기들이 상사의 비위를 맞추고 아부하는 것을 보며, 나도 저런 노력을 해야 하는 것을 아닐까 흔들린 적이 많았다. 매번 김치를 해서 임원의 집에 보내주는 상사도 있었다. 그런 노력이 보상으로 돌아오는 것을 보면서, 아부도 직장에서 성공하게 만들어주는 중요한 요인이라는 것을 알게 되었다. 내가 되고 싶어 했던 임원이라는 자리가 이런 과정을 통해 만들어진다는 것을 알았을 때, 내 삶이 송두리째 흔들리는 듯했다.

당시에는 많이 힘들었다. 일도, 인간관계도. 가장 힘들었던 것은, 내가 꿈꾸던 임원이 된다고 해도 자유 시간을 누리기는커녕 영혼을 팔아서라도 돈 버는 기계가 되어야 한다는 깨달음이다. 내가 달려가는 이 길의 마지막에 있는 목표가 가치가 없다고 생각하는 순간, 나는 달릴 힘을 잃어버렸던 것 같다. 직장 생활 7년 차에 비로소 얻은 깨달음이었다. 너무 늦었지만, 그래도 적당히 이른 나이에 깨달았다고 생각한다. 월급쟁이는 결국 노예 생활이라는 것을, 무엇보다 직장 생활은 스스로 통제할 수 없기에 내가 통제할 수 있는 나만의 영역을 만들어야 한다는 것을. 그 후 나는 인생을 전혀 다른 방향으로 살게 되었다.

이런 이야기를 들은 적이 있다. 과거의 노예는 해가 지면 일을 안 했고, 늘 밥은 먹고 살아서 미래에 대한 걱정을 할 필요가 없었다. 지금의 노예는 취업도 어렵고, 해가 지고도 일하고, 미래 걱정에 결혼도 못하고, 늘 생계 걱정을 해야 한다고. 거주 이전의 자유가 있는 것 같지만, 눈 뜨면 결국 회사에 끌려가야 한다. 추가로 오늘날의 자본주의 사회에서 직장인은 시선의 노예, 욕망의 노예, 부양의 노예, 신용의 노예, 돈의 노예, 시간의 노예가 되어가고 있어, 난이도가 극상일 수밖에 없다. 옛날에는 노동력이 귀해서 주인이 책임이라도 졌지, 지금은 50살이 넘어가면 아무도 책임지고 싶어 하지 않는다. 나이가 들수록 우리는 자동화 시스템에 대체당하고 있다. 문제는 대부분의 직장인들이 자기가 노예인 걸 모른다는 것이다.

드물지만, 회사를 다니는 동안에도 투자나 부업으로 노동 수익이외의 시스템을 만들고, 당당하게 사회로 나아간 사람들이 있다. 그 모습을 보면서, 직장에 의존하지 않는 나만의 시스템을 만든다면, 노예 생활에서 벗어나는 것이라고 생각했다. 이미 그 길로 나아간 많은 분들이 그 증거이다.

현실적으로는 아무 생각 없이 회사를 다니다가 어느 순간 퇴직하는 사람들이 더 많다. '가난하게 태어난 것은 죄가 아니지만, 가난하게 살아가는 것은 죄'라는 말이 있다. 직장 생활에만 안주하다가는 평생 지금처럼 가난하게 살아갈 가능성이 매우 높다는 것을 적시한 말이라고 생각한다.

41세, 경제 활동의 정점

한국인은 28세부터 노동 소득이 소비보다 많은 '흑자 인생'에 진입하고, 41세에 소득이 정점에 달했다가 천천히 줄어들고, 60세부터는 다시 '적자 인생'에 접어든다. 과거에는 소득의 정점이 40대 중반이었다. 그 이전에는 50세였을지도 모르니, 몇 년 사이에 많이 낮아졌다. 미래에는 30대 후반까지 낮아질지도 모를 일이다.

40대 초반부터는 회사가 나를 필요로 하지 않는 경우가 많기 때

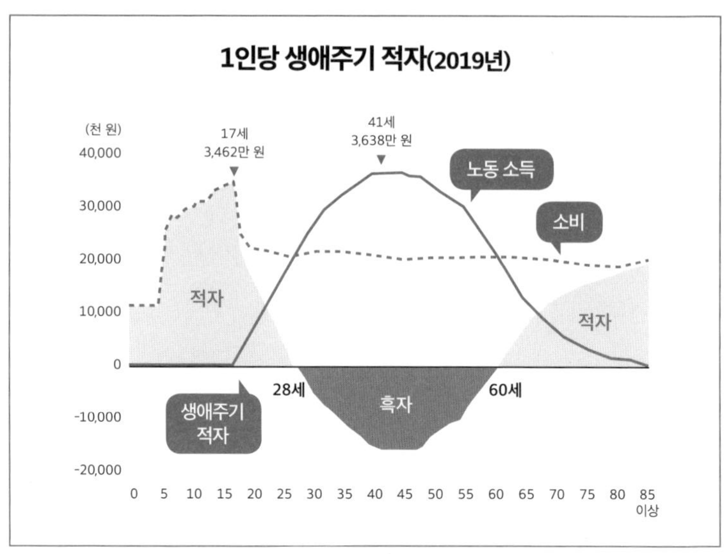

출처 통계청

*1인당 생애주기 적자는 연령 증가에 따라 '적자→흑자→적자' 순서로 변화한다. 28세에 흑자로 진입한 후 60세에 다시 적자로 전환된다.

문이다. 누군가는, 아니 상당히 많은 사람들이 자신보다 나이가 어린 상사를 두게 된다. 안타깝지만, 보이지 않는 유교 질서가 지배하는 한국 사회에서는 그것 자체가 회사에서 나가야 하는 압박으로 작용하여 탈락자들이 대거 탄생한다.

40대 중반이 넘어서면 자녀 교육비나 주거비 등으로 지출이 급격하게 상승한다. 30대 초반에 결혼한 경우, 40대 중반에 내부분의 자녀들이 10대가 된다. 자녀 교육비로 가장 큰 지출이 발생하는 시기다. 자녀가 클수록 주거에 대한 압박도 높아지고, 좋은 차를 사야 할 필요도 느끼게 된다. 그렇기 때문에, 지금 40대에 접어들었다면 위기의식을 가져야 한다. 아니, 30대 후반이라도, 아니, 어쩌면 회사에 들어가는 순간부터 위기의식을 가져야 할지도 모른다.

그렇다면 정말 모든 걸 다 바꿔야 한다. 자본주의를 대하는 생각부터, 회사를 다니는 목표나 소비 습관, 투자 습관과 인간관계에 이르기까지. 지금처럼 안일하게 살다가는 나중에 회사에 더 얽매이게 된다. 내가 원하지 않더라도 회사를 하루라도 더 다니기 위한 삶을 살 수밖에 없다. 그렇게 살다보면, 경제적으로 여유로운 삶은 평생 만나기 어려울 것이다.

현실을 직시하기 바란다. 지금 회사에 '올인'하고 있다면, 나중에는 실망하게 될 것이다. 많은 사람들이 이미 경험하고 있듯이, 그것은 애초에 내 마음대로 되는 일이 아니기 때문이다. 물론, 이를 깨달을 때는 이미 너무 늦은 때일 것이다. 회사에서 임원이란 1% 이내의 사람들에게 주어지는 것으로 가정, 건강, 개인 시간 등을 희생해서 '올인'해도 대부분의 사람들은 원하는 목표를 이루지 못하고 탈락한다.

이런 현실에서 직장인이 살 길은 무엇일까. 부자 마인드로 무장하고, 긴 호흡으로 꾸준히 자산을 모아가는 방법밖에 없다. 직장은 나의 경험치를 높여주고, 신용을 높여주고, 생활비를 제공해주고, 투자금을 마련해주는 곳일 뿐이다. 철저하게 아껴서 현명하게 부의 시스템을 구축해 나가야 한다. 그것만이 살 길이다.

회사 밖, 지옥 혹은 천국

드라마 <미생>에서 오상식 차장은 퇴직하고 피자 가게를 하고 있는 옛 직장 선배를 만난다. 오상식 차장은 우리의 아버지 세대처럼 회사에 모든 것을 올인하는 사람이고, 그 선배 역시 그런 삶을 살았을 것이다. 평생 동안 직장만 다니다가 퇴직금에 대출금까지 끌어모아 한 번도 해보지 않은 요식업에 도전한 그가 잘되는 것이 오히려 이상하지 않을까? 어려운 그의 현실을 반영하듯 드라마에서는 이런 대화가 오간다.

"회사가 전쟁터라고? 밖은 지옥이야. 밀어낼 때까지 그만두지 마라."

"전쟁을 하러 가봐야 할 것 같습니다."

"그래. 그럼 나는 지옥으로 돌아가야지."

회사는 전쟁터다. 위로 올라갈수록 탈락자가 발생하고 살아남은 소수만 승진하는 생존 게임이다. 내가 잘되기 위해서는 남이 잘못되어야 하기 때문에 회사는 생존 게임일 수밖에 없다. 그렇다면 회사 밖은 지옥일까? 그것은 어떻게 준비하느냐에 따라 다르다. 앞의 상황은 회사를 위해 모든 것을 바쳤던 사람들의 대화일 뿐이다. 그

회사를 다니면서도 나 자신에게 집중하고,
나를 위한 준비를 10년 이상 한 사람들에게 회사 밖은
지옥이 아니라 천국이 될 가능성이 높다.

들에게는 회사가 전부였으므로 선택할 수 있는 것이 없었다. 다른 선택을 하기에는 이미 많이 늦었고, 나 자신이 회사가 되었다. 회사는 전혀 그렇게 생각하지 않는다는 것이 문제지만.

우리는 신입 사원들에게 회사가 전쟁터고 회사 밖은 지옥이지만, 미리 준비하면 천국이 될 수도 있다고 말해줘야 한다. 회사에 기여하는 동시에 너만의 천국을 미리 만들어놓고 세상으로 나가면 된다고 말해주어야 한다.

회사에만 올인하고, 회사 생활에만 안주한 사람들에게는 회사 밖이 지옥이 될 확률이 높다. 회사를 다니면서도 나 자신에게 집중하고, 나를 위한 준비를 10년 이상 한 사람들에게 회사 밖은 지옥이 아니라 천국이 될 가능성이 높다. 그들에게 회사 밖은 자유의 공간이 될 것이다. 결국 모든 직장인들에게는 다음과 같은 선택지가 있다.

1. 전쟁터에서 밀어낼 때까지 최대한 버티기
2. 전쟁터가 싫어서 준비 없이 지옥으로 가기
3. 전쟁터에서 미리 천국을 만들어놓고 천국으로 가기

직장을 다니는 동안 밖으로 나갈 준비를 미리 하고 독립한 사람들이 많다. 주변에 알려지면 좋을 것이 없어서 조용히 살 뿐이지, 많은 사람들이 이렇게 경제적 자유를 이루었다. 내가 아는 사람만 해도 수십 명이고, 현재 많은 사람들이 준비하고 있다.

준비된 퇴사와 준비되지 않은 퇴사. 자발적인 퇴사와 비자발적인 퇴사. 밖이 지옥일지, 아니면 천국일지는 모두 내가 하기 나름이다. 회사를 다니는 10~15년 동안 무엇을 준비하느냐에 따라 각자의 삶은 극명하게 달라질 수밖에 없다.

명심하라. 전쟁터라도 평생 머물 수 없다는 것을. 회사가 너는 이 전쟁터에 필요하지 않다고 말하면 나가야 한다. 설령 고비를 무사히 넘기더라도 일정 나이에 이르면 반드시 나가야 한다. 회사를 그만둘 준비를 하지 않는 사람은 나중에 하루라도 더 회사를 다니기 위해서 노력하게 된다.

내가 회사를 나와도 회사에는 아무런 영향도 미치지 못한다. 내 자리는 다른 사람으로 대체될 뿐이다. 애초에 나라는 사람은 회사의 부속품이었고, 회사와 나는 그냥 계약 관계일 뿐이다. 인맥도 회사를 다니기 때문에 만들어졌던 것이다. 나의 지위도 회사가 준 것이다. 직장이 전부가 아니라고 생각해서 미리 움직였던 그 사람들이 사실은 가장 안전한 선택을 한 것이고, 직장이 전부라고 생각한 내가 가장 위험한 선택을 하고 있었던 것이다.

확실한 죽음에서 살 수도 있는 삶으로

1988년 7월, 스코틀랜드 근해 북해 유전에서 석유 시추선이 폭발하여 168명이 목숨을 잃었다. 앤디 모칸은 그 지옥 같은 곳에서 살아남은 유일한 생존자다. 그는 어떻게 목숨을 구할 수 있었을까?

잠결에 들린 요란한 폭발음에 갑판으로 뛰어나온 앤디 모칸이 몸을 피할 곳은 어디에도 없었다. 갑판 곳곳에서 이미 불기둥이 치솟고 있었다. 바다는 배에서 흘러나온 기름으로 불바다였다. 갑판에서 수면까지는 50미터가 넘는 높이여서 도망갈 곳도 없었다. 모든 것이 불확실했다. 무엇보다 두려움이 컸을 것이다. 하지만 앤디 모칸이 선택한 것은 불타는 차가운 북해로 몸을 던지는 것이었다.

168명은 바다로 몸을 던지지 않았다. 그들은 차가운 북해에 몸을 던지는 것을 거부했다. 죽음이 가까이 다가오는데도 그런 선택을 거부했다. 북해에 몸을 던지는 것보다 불에 타 죽는 것을 선택했다고 할 수 있을까? 무엇이 더 안전한 선택이었을까? 앤디 모칸은 삶과 죽음을 가르는 순간, 불타는 갑판에서 확실한 죽음을 기다리기보다는 살 수도 있는 선택을 해서 목숨을 건졌다.

직장 생활도 마찬가지다. 직장 생활을 평생 할 수 있는 사람은 아무도 없다. 대부분은 정년에 나오거나 절대 다수는 정년 근처도 가지 못한다. 재미있는 것은, 입사 초기에는 하루라도 빨리 퇴사하고 싶어 하는데, 연차가 쌓일수록 회사가 자신의 전부가 된다는 사실이다. 처음에는 자유를 찾지만, 시간이 지날수록 자유를 찾는 걸 두려워하게 된다. 그러기에는 짊어진 것이 너무 많기 때문이다.

시대가 변하고 업무 환경이 변하면서 노동 가치는 점점 떨어진다. 그 과정에서 비참함도 느끼고 자존감도 바닥을 친다. 가끔은 비굴해질 때도 있다. 정도의 차이는 있겠지만 대부분의 직장인들에게 해당되는 일이다.

당신은 '언젠가는 나와야 하는 침몰하는 직장인의 삶'에서 삶의 마지막을 보내겠는가? 아니면, 앤디 모칸처럼 리스크는 있지만 지속 가능할 수 있는 삶을 위해 도전하겠는가? 지금 당장 선택하고 결심해야 한다. 리스크도 경험이 쌓여야 통제할 수 있는 법이다. 지금 바로 계획을 세워서 하나씩 행동으로 옮기길 바란다.

24시간, 회사를 위한 삶

아직도 긴장감이 느껴지지 않을지도 모른다. 그래서 우리가 얼마나 많은 것을 희생하면서 살고 있는지 좀 더 이야기해 보려고 한다. 때린 곳을 또 때려야 이해할 수 있는 것들이 있기 때문이다.

우리는 하루 8시간, 주 5일을 일하기로 회사와 계약하고, 약속된 돈을 받는다. 주 40시간이 법적 근로 시간이다. 그런데, 대부분의 직장인은 야근을 한다. 야근 또한 노동 시간이다. 물론 야근 수당이라는 것이 있지만 많은 사람들이 받지 못한다. 점심시간은 근로기준법에 휴식 시간으로 명시되어 있다. 하지만, 불편하고 원하지 않는 사람들과 점심을 먹어야 한다면, 그리고 그 자리에 있는 상사 입에서 일 이야기가 나온다면, 그것도 근로 시간이다. 아니, 사실 상사와 함께 한다는 것 자체가 근로 시간의 연장을 의미한다. 퇴근 후 집에서도 일을 해야 한다면, 저녁과 주말에도 상사의 카톡을 받아야 한다면, 그것도 근로 시간이다. 주말에 미처 마무리하지 못한 일을 해야 한다면, 그 또한 근로 시간이다.

서울 소재의 회사에 출근하는 사람들은 평균 2시간을 이동한다고 한다. 직장에 출근하기 위해 이동하니, 그것도 근로 시간이다. 원만한 직장 생활을 위해 어쩔 수 없이 회식에도 참석해야 한다. 회식을 가지 않으면 직장 생활이 꽤나 피곤해질 것이 뻔하므로 회식에 참석하는 것도 근로 시간이다.

주말에 상사의 입박으로 등산을 가거나, 골프를 치거나, 행사에 참석하는 것도, 회사에서의 나의 입지를 위한 것이니 근로 시간이다. 밤에 그날 끝내지 못한 일과 내일 할 일에 대한 걱정으로 뒤척

거리며 시간을 쓴다면, 그것도 근로 시간이다. 평일에는 일하느라 지치고, 저녁과 주말에는 지친 몸과 마음을 회복하는 데 모든 시간을 써야 한다면, 그래서 누워서 빈둥거리거나 잠을 자야 한다면, 그것도 근로 시간이다. 꿈에서도 회사가 나타나거나 스트레스에 잠을 설친다면, 그것도 근로 시간이다.

근로 시간은 '실제로 일하는' 시간과 '그 일을 하기 위해' 사용해야 하는 모든 시간이다. 어쩌면, 회사를 다닌다는 것은 24시간 회사를 위해서 시간을 쓰는 삶일지도 모른다.

우리가 매일 피곤한 것은 24시간 일을 하고 있기 때문이다. 그렇게 회사만을 위해 살다가 어느 날 자발적으로 혹은 떠밀려서 퇴직하게 되면, 한 번도 생각해본 적이 없는 분야에서 자기 사업을 한다고 한다. 그 사업이 잘될 리가 있을까.

어떻게 아느냐고? 매순간이 근로 시간인 생활을 15년 동안 해보았기 때문이다. 그렇게 나가서 결국은 잘못된 선택을 한 선배들을 많이 보았기 때문에, 그렇게 살면 안 된다는 것을 수없이 깨달았기 때문이다.

#소비와 욕망 #나의 행복지수
#비교할 수밖에 없는 현실

부러움을 만들어내는 사회

당연하지만 매우 중요한 이야기를 하려고 한다. 소비가 소득보다 많으면 부자가 될 수 없다. 소득보다 소비가 더 많은 사람은 점점 가난해진다. 현대 자본주의는 소비를 권장하는 사회이기 때문에 많은 사람들은 소득 이상으로 소비를 하고 있다. 그들은 그렇게 점점 가난해지고 있다.

노벨 경제학상을 받은 폴 새무엘슨은 행복지수 공식을 만들었다. 소비를 욕망으로 나누어 행복지수를 표시한 것이다.

폴 새무엘슨의 행복지수 공식

$$\frac{소비}{욕망} = 행복지수$$

10(소비)/10(욕망)을 가진 사람이 있다고 하자. 이 사람의 소득이 늘어서 소비를 20으로 늘리면 20(소비)/10(욕망)이 되어 행복지수는 2가 된다. 과거에 비해 더 행복해진 것 같지만, 이 행복은 잠시에 불과하다. 욕망이 커지기 때문이다. 욕망이 커져서 20/20이 되면서 행복지수는 다시 1이 된다. 다시 행복해지기 위해서는 소비를 늘려야 한다. 하지만, 소비가 30이 되면 욕망도 30으로 늘어 결국 행복지수는 계속 1에 맞춰진다.

작은 집에 살다가 큰 집으로 옮긴 후에는 다시 작은 집으로 돌아가기가 쉽지 않다. 경차를 타다가 중형차로 바꾼 다음에는 다시 경차로 돌아가기도 힘들다. 자녀 사교육의 수준을 높였다가 다시 낮추기도 쉽지 않은 일이다. 매년 해외여행을 가던 사람이 국내여행만 다니려면 힘든 노릇이다. 소비에 따라 욕망의 크기도 커지기 때문이다. 이 때문에 과거에 비해 훨씬 많은 돈을 벌어도 행복해졌다고 느끼지 못한다.

여기서 가장 큰 문제는 소비를 무한정 늘릴 수 없다는 것이다. 이미 욕망이 30이 되었는데 소비를 30으로 늘리지 못하고 20에 머물러 있으면 어떻게 될까? 불행을 느끼게 된다. 그래서 높은 연봉에 화려한 경력을 자랑하던 사람들이 은퇴 후 불행해지는 경우가 많은 것이다. 더 이상 자신의 소비가 자신의 욕망을 따라가지 못하기 때문이다.

로또 당첨자가 불행해지는 이유

로또에 당첨된 사람들이 처음 며칠은 행복하지만, 그 이후 불행해지는 것도 대표적인 예이다. 10(소비)/10(욕망) 상태에서 일확천금을 얻어 소비가 100으로 늘었다면, 욕망도 100으로 커진다. 결과적으로 행복지수는 100(소비)/100(욕망)으로 변하기 때문에 행복하다고 느끼지 못한다. 오히려 일시적인 부가 재앙이 되는 경우가 대부분이다. 로또 당첨금을 다 사용하고 나면 소비는 원래대로 돌아가야 하는데 욕망은 그대로 남게 된다. 즉 10(소비)/100(욕망)으로 행복지수는 0.1이 되어 과거에 비해 10배나 불행하다고 느끼게 되는 것이다.

누군가는 이렇게 생각할 수 있다. 오늘부터 욕망을 제어하여 행복해지자. 틀린 말은 아니다. 소비를 늘리지 않더라도 욕망의 크기를 줄이면 행복해질 수 있다. 예를 들어 10(소비)/5(욕망) 단계가 되면 소비는 그대로지만 2배로 행복해진다. 실제로 그런 방향으로 나아간 사람들도 있다.

문제는, 현대 자본주의는 끊임없이 부러움을 만들어내면서 대중의 욕망을 자극한다는 점이다. 자본주의를 떠나지 않는 한 욕망을 거세하는 것은 불가능에 가깝다고 본다. 예를 들어, 전 세계에서 가장 많이 사용하는 앱 중에 하나인 인스타그램을 보고 있으면 나를 제외한 다른 사람들은 모두 부자이고 행복하다고 외치는 듯하다. 설령, 그곳에 있는 사진들이 과장되었고 진실이 아니라고 해도 말이다.

인플레이션이 진행되면 기본적인 생활을 위해 지출하는 돈이 점점 늘어난다. 사촌이 땅을 사면 배가 아프듯 나와 비슷한 처지라고 생각했던 직장 동료의 집값이 2배나 올랐다고 하면 견딜 수가 없다. 이처럼 타인과 완전히 분리된 삶을 사는 것은 매우 어렵다.

만에 하나, 불굴의 의지로 욕망을 통제하는 데 성공했다고 해보자. 하지만 결혼해서 배우자와 아이들이 있으면 욕망을 줄이는 방법으로 행복을 찾는 길은 더 멀어진다. 가족 구성원들 모두의 욕망을 통제하는 것은 불가능에 가깝다. 시선의 노예로 살아가는 우리는 내가 사는 곳, 아이의 교육 수준 하나하나 남에 의해 비교되기 때문이다.

그렇기 때문에 자본주의 사회에서 산다면, 어느 정도의 돈을 소유하는 것은 선택이 아니라 필수이다. 그렇지 않으면 시간이 지날수록 점점 더 괴로워질 수밖에 없다. 자본주의 자체가 개인의 욕망에 기초하기 때문이다. 행복도 어느 정도의 소득 수준을 달성해야만 성취할 수 있다. 돈이 행복을 보장해주는 것은 아니지만 돈이 없는 행복은 불가능에 가깝다.

《돈의 심리학》의 저자 모건 하우절은 이렇게 말했다.

> "현대 자본주의는 두 가지를 좋아한다. 부를 만들어내는 것과 부러움을 만들어내는 것. 이 두 가지는 서로 함께 간다."

당신이 부를 만들어내고 있다면 부자가 될 가능성이 높고, 부러움을 소비하고 있다면 가난해질 가능성이 높다. 모건 하우절은 두 가지를 동시에 말했지만, 보통사람들은 두 가지를 동시에 선택하지 않는다. 내가 본 대부분의 사람들은 주로 후자를 선택했다.

가장 행복했던 나라의 몰락

2011년 유럽신경제재단(NEF)은 국가행복조사 자료를 통해, 부탄을 세계에서 가장 행복한 나라 1위로 발표했다. 그 이후 10년이 넘는 시간이 흘렀다. 최근까지도 각종 언론이나 신문은 여전히 가장 행복한 나라로 부탄을 꼽고, 많은 정치인들은 행복의 비결을 알기 위해 부탄을 방문하기도 했다. 부자가 되지 않아도 행복할 수 있다는 사실은 정치인들에게는 꽤 흥미로운 주제였다. 하지만, 오늘날의 부탄은 세상에서 가장 불행한 나라 중 하나가 됐다.

2019년에 발표한 세계 행복 보고서(World Happiness Report)에 따르면, 부탄의 행복지수는 156개국 중에 95위를 차지했다. 왜 그럴까? 인터넷이 발달하면서 시야가 넓어진 부탄 사람들이 잘 사는 나라의 사람들과 자신들을 비교하기 시작했기 때문이다. 과거에는 비교 대상이 없었기에 스스로의 삶에 만족했던 국민들이 이제는 자국의 가난함을 알게 된 것이다. 상황은 바뀐 것이 없는데 비교 때문에 스스로 불행해져서 부탄은 더 이상 행복하지 않다.

집값이 정체되어 있던 몇 년 전에는 집이 없는 사람이나 집을 가진 사람이나 크게 서로를 의식하지 않았다. 하지만 짧은 시간에 부동산 가격이 오르면서 집을 가진 사람과 가지지 못한 사람들 간의 자산 격차는 너무도 커졌다. 서울 요지에 집을 가진 사람들은 짧은 시간에 수억에서 수십억의 자산 상승 효과를 누렸다.

집이 없는 입장에서는 전세 가격이 올라가지 않는 한 손해 볼 것이 없다. 그런데 왜 말로 형용할 수 없이 깊은 박탈감을 느낄까? 인간은 자신을 끊임없이 타인과 비교하기 때문이다. 10~20년 동안 일하면서 번 돈을 하나도 쓰지 않고 모아야 만질 수 있는 돈을 직장 동료가 부동산 시세 차익으로 벌었다는데, 어떻게 행복해질 수 있을까.

현대 사회의 모든 불행은 타인과의 비교에서 시작된다. 현대 사회의 기술 문명과 자본주의 시스템은 나를 나보다 잘 사는 사람과 끊임없이 비교하게 만든다. 특히 대한민국에서 살고 있는 우리는 그 시스템에서 벗어나기 힘들다. 벗어나지 못한다면 즐겨야 한다. 자본주의를 알고 자본주의에서 앞서가는 사람이 되어야 한다.

상류층의 유행을 따라하는 대중들

현대 자본주의를 가장 단적으로 보여주는 것이 명품이다. 명품의 원가는 아무도 모르지만 명품을 파는 회사가 점점 부유해지고 있다는 것은 모두가 알고 있다. 디올과 루이비통 등을 소유한 LVMH 그룹 회장 베르나르 아르노는 세계에서 세 번째로 돈 많은 사람이 되었다. 명품을 파는 회사들은 점점 부자가 되고, 소비자들은 가난해지고 있다.

기본으로 명품 소비란, 부자의 소비를 따라 해서 부자처럼 보이고자 하는 행위이다. 명품 회사들은 당신도 명품 소비를 통해 부자가 될 수 있다고 말한다. 그 메시지를 받은 우리는 명품 소비를 통해 신분이 격상된 것처럼 느낀다.

학창 시절의 나도 그랬다. 반에서 잘나가는 아이들이 입는 브랜드를 따라 입으면 나도 인정받을 것 같았다. 나는 학창 시절 동안 그랬지만, 세상의 많은 사람들은 평생을 그렇게 생각하며 산다. 부자들이 입는 것을 따라 입으면 잠시 동안은 부자가 된 것 같지만 계속 부자처럼 소비하면 가난만 남게 될 것이다.

자산도 없는데 명품 소비에 열중하는 사람들이 있다. 부동산, 주식은 보유하지 않아도 좋은 옷, 좋은 차, 좋은 가방, 좋은 시계는 소비한다. 그들은 소비를 통해 부자처럼 보이고 싶은 것이다. 하지만 부자가 아닌 사람이 명품 소비를 하는 순간, 빠져 나올 수 없는 굴레에 빠지고 만다. 옷장에 명품이 쌓일수록 통장의 마이너스 액수도 늘어나게 된다.

혹자는 명품을 가지고 있으면 그 가치가 변하지 않기 때문에 재테크 수단으로 활용할 수 있다고 한다. 하지만 명품은 영원하지 않다. 시간이 지날수록 그 가치를 유지하지 못하는 제품도 많다. 다음의 글을 보자.

> 독일의 철학자이자 사회학자인 게오르그 짐멜에 따르면 상류층의 유행은 그보다 신분이 낮은 계급의 유행과 구분되고, 낮은 신분의 계급이 상류층의 유행을 따라하는 순간 소멸된다고 한다. 다시 말해 유행은 계급적 차이의 수단이며 동시에 결과다. 사람들은 소비를 통해

서로가 '차이 있음'을 인지하고, 차별을 생산하며, 이로써 권력 관계를 유지하며 재생산한다.

-김난도, 《트렌드 코리아 2022》 중에서

부자가 아닌 사람들이 특정 명품을 선택하고 소비할수록, 부자들은 대중이 선택한 그 명품을 배제하고 새로운 명품을 만든다는 것이다. 한 명품의 수명이 다하면 또 다른 유행이 만들어지는 것이 반복된다. 부자들은 선택을 바꾸고 대중들은 부자들의 선택을 기다리고 따라간다. 결국 마지막에 웃는 것은 명품 회사뿐이다.

과거의 명품들도 그런 단계를 거쳐 대중화된 경우가 많았다. 내가 어릴 때는 필라, 인터크루, 미치코 런던, 행텐 등의 브랜드가 학생들 사이에서 꽤나 명품으로 통했지만 지금은 아주 흔한 중저가 브랜드에 불과하다. 유행이 바뀌면서 새로운 명품에게 자리를 내준 것이다. 학생들은 이제 구찌나 톰브라운을 입는다. 미래의 유행은 또 변할 것이다.

애덤 스미스는 《도덕감정론》에서 이렇게 말했다. 가난한 사람들은 남들이 자신을 부자로 생각하는 것을 영예로 생각한다. 하지만 그러한 평판에 주어진 모든 의무를 실행하다가는 곧 거지 신세로 전락하고 말 것이고, 그 결과 그의 상태는 그가 경탄하고 모방하려는 사람들의 상태로부터 더욱 멀어지게 된다는 사실을 생각하지 않는다고. 《도덕감정론》은 1759년에 발간되었다. 그때나 지금이나 인간의 속성은 변하지 않는 반면, 자본주의는 인간의 욕망을 자극하는 쪽으로 발전해왔다. 명품 소비와 모방 소비는 과거와 비교도 안 될 정도로 심각해지고 있고, 자신의 내면을 가꾸기보다 껍데기에 신경 쓰는 세상이 되었다.

비싼 물건을 소유하면서 느끼는 기쁨은 금세 사라진다. 명품을 소비하는 대신 나와 가족의 성장과 미래에 투자하자. 명품은 나를 가난하게 만들지만, 잘 사용한 돈은 내가 원할 때, 원하는 일을, 원하는 곳에서, 원하는 사람과, 원하는 만큼 오래 할 수 있는 자유를 준다. 나 자신을 명품으로 만들고, 명품 자산을 모으는 것에 집중해야 한다.

대한민국에서 가장 행복한 도시

서울대 행복연구센터는 우리나라 국민 140만 명을 대상으로 전국 17개 시도의 행복지수를 조사했다. 그 결과를 《대한민국 행복지도 2020》이라는 책으로 출판했다. 우리나라에서 가장 행복한 도시는 어디일까? 바로 세종시다.

왜 그럴까? 세종시가 공무원의 도시이기 때문이다. 세종시 인구의 약 20%가 공무원이다. 그 정도 비율이라면 세종시 인구의 30%

이상은 공무원과 공무원 가족이라고 할 수 있다. 흥미로운 점은 세종시의 출산율도 높다는 것이다. 세종시는 1인당 1.28명을 출산했는데 이는 서울시 출산율 0.64의 2배에 해당한다. 정부의 육아 지원 방안이 잘 이루어지고 있다는 것을 미루어 짐작할 수 있다. 이는 세종시의 국·공립 보육시설 비율이 대한민국에서 가장 높다는 점에서도 알 수 있다.

이런 복지 정책이 행복을 주기도 하지만 가장 핵심 이유는 구성원들의 수준이 비슷하다는 것이다. 그래서 남들과의 비교를 통해 스스로 불행하다고 느끼는 경우가 타 도시에 비해서 적다. 사람은 비교를 통해 상대적인 박탈감을 느낄 때 불행해진다. 세종시의 공무원들은 비교 집단이 자신과 비슷한 수준의 학벌, 재력, 환경을 가진 사람들이기에 비교 때문에 불행해질 일은 거의 없는 것이다. 격차가 있다고 하더라도 약간 더 잘 살고, 진급 속도가 약간 차이 나는 정도다.

도시인들은 늘 자신을 남과 비교한다. 경기도에 살면서 서울에 살고 싶어 하고, 강북에 살면서 강남에 살고 싶어 하고, 강남에 살면 가장 좋은 아파트에 살고 싶어 한다. 그 사람은 원하는 아파트에 살게 되더라도 더 넓은 평수에 살고 싶을 것이다. 아파트 가격은 도로와 구획에 따라 차이가 많이 나기 때문에 부의 격차는 계속 벌이지고, 한쪽에선 늘 불만족을 느낄 수밖에 없다.

대한민국의 현실은 세종시를 따라가지 못한다. 자본주의는 사회 전체를 부유하게 만들지만 그 과정에서 어쩔 수 없는 격차를 만들어낸다. 자산의 격차는 점점 커지고 부의 양극화는 더욱 심화되어 준비되어 있지 않은 많은 사람들은 매일을 불행하게 보낸다. 이런 상황에서 남들과 비교하지 말자고 스스로를 다독여도 소용이 없다. 우리는 매일 현실을 살아가기 때문이다.

#노동의 가치 #부의 양극화 #사고의 양극화
#빈곤에 대한 두려움으로 소비하느냐, 투자하느냐

양극화 사회

최근 몇 년간 자본(자산) 소득이 근로(노동) 소득을 압도적으로 뛰어넘는 것을 지켜본 사람들은 망연자실 상태다. 마포, 강남의 부동산이 불과 2~3년 만에 8억이 올랐네, 10억이 올랐네, 같은 이야기를 듣는 무주택자는 얼마나 심한 박탈감을 느낄 것이며, 투자로 연봉의 몇 배를 벌었다는 사람들을 보면, 열심히 일해서 월급 받는 게 무슨 소용인가 싶을 것이다.

이런 상황이 정상일까? 가까운 미래에는 노동이 인정받는 원래의 상태로 돌아가게 될까? 자본 소득이 노동 소득에 비해 수익률이 높아진 이유는 정부의 잘못된 정책과 코로나로 인한 인플레이션 때문일까? 코로나가 가져온 경제 상황은 예외적이었다고 한다면, 다시 자산 폭락의 시대가 올 것인가? 나는 그렇다고 생각하지 않는다. 최근의 자산 가격이 크게 상승한 것도 사실은, 역사에서 반복되어 온 흔한 일에 불과하다.

자본 > 근로 소득의 사회

프랑스 경제학자 토마 피케티는 《21세기 자본》에서 이에 대한 명확한 답을 내놓았다. 인류 역사를 살펴보면, 언제나 자산(자본) 수익률이 경제 성장률보다 높았다. 경제 성장률은 자본과 소득 성장의 합산이다. 자산 수익이 경제 성장률보다 높다는 것은, 소득 수익이 경제 성장률을 밑돌고 노동 소득이 자본 소득보다 높았던 적은 없었다는 것을 의미한다.

이번에는 성장률만 따져보자. 인류 역사에서 약 100년의 예외 시기만 제외하곤 노동 소득이 자본 소득의 성장률을 역전한 적은 거의 없다. 예외 시기에는 자본을 파괴했던 대규모의 전쟁들이 존재했다.

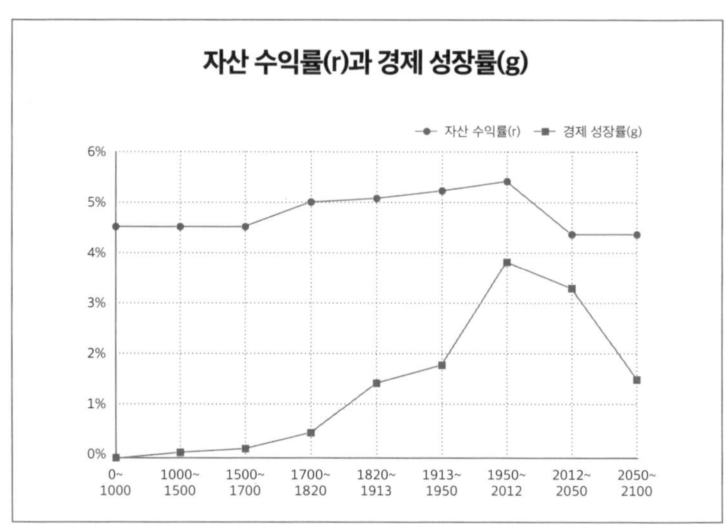

출처 piketty.pse.ens.fr/capital21c

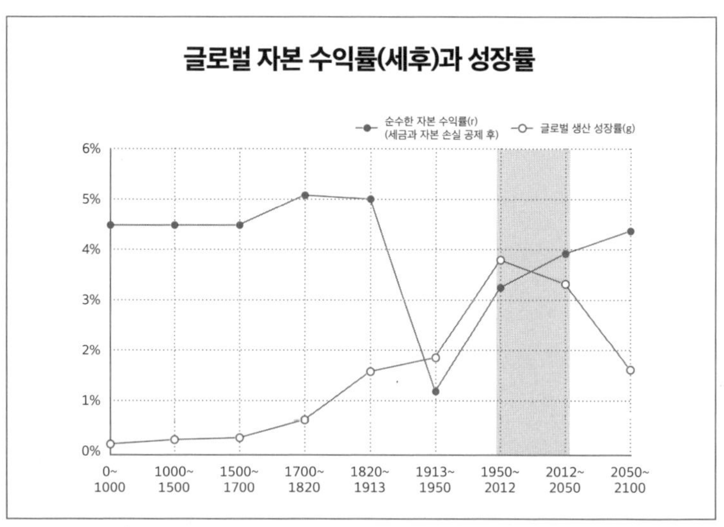

출처 piketty.pse.ens.fr/capital21c

앞의 두 그래프를 해석하면 다음과 같다.

1. 과거로 갈수록 자본 소득의 수익이 노동 소득보다 압도적으로 높았다(성장률). 과거 노동력의 대다수를 제공한 것이 노예였고, 노예에게는 대가를 거의 지불하지 않았기 때문이다.
2. 인구 증가와 민주화 등으로 1700년 이후에 노동 소득이 조금씩 자본 소득을 추격하기 시작했다.
3. 1차 세계대전과 2차 세계대전으로 자본가들의 사업체와 부동산 등이 파괴되면서 역사상 처음으로 노동 소득의 성장률이 자본 소득의 성장률을 넘어섰다. 전쟁으로 인해 인구가 급격하게 줄어들어 노동의 가치가 중요해졌고, 자본가들도 상당수가 사망함에 따라 부의 재분배가 이루어진 희귀한 시기였다.
4. 전쟁이 끝난 1950년 이후부터 다시 자본 소득은 노동 소득을 역전했고, 현재까지 그 차이는 더 커지고 있다. 즉, 지금은 양극화의 시기이다.
5. 결론은 3번에 해당하는 자본을 파괴하는 방식의 전쟁이나 재앙이 발생하지 않는 한, 자본 수익이 노동 수익을 월등히 앞서는 과거 사회로 회귀하고 있다는 것이다.

한마디로 앞으로 대규모 전쟁이나 재앙이 발생하지 않는 한, 자본을 가진 부자들은 더 부자가 되고 자본이 없는 노동자들은 더 가난해진다는 말이다. 대규모 전쟁이 발생하면 우리 삶의 대부분도 사라지게 되니 그 가능성에 대해선 접어두자. 지금 사회에서 큰 규모의 물리적인 전쟁이 일어날 가능성은 매우 낮으니까 말이다.

토마 피케티는 미래에도 자본 소득과 노동 소득의 격차가 벌어질 수밖에 없다고 말했다. 그 근거로 인구 감소, 경제 성장률 저하, 인공지능의 등장으로 인한 인간 노동력의 필요 감소를 들었다. 이런 흐름은 코로나로 인해 가속화되었고, 앞으로도 지속될 것으로 보인다. 우리는 이미 변화의 중심에 있다.

자본주의 사회에서 생산의 3요소는 토지, 노동, 자본이다. 토지와 자본의 가치는 높아지는 반면 노동의 가치는 점점 낮아지고 있다. 대체 가능한 기술들이 노동의 자리를 대신하기 때문이다. 이런 사회에서 자본이 없는 개인이 노동에만 의존하다가는 점점 가난해질 수밖에 없다. 설사 고급 노동으로 가난해지지 않고 현상 유지를 잘한다고 해도 누적된 피로로 병들고, 가족과 함께할 시간은 엄두도 못 내는 생활 때문에 행복은 언감생심이 될 것이다. 우리가 가능한 자산을 하나라도 더 모아야 하는 이유가 바로 여기에 있다. 가만히 있으면 우리 사회의 다수와 함께 양극화 사회의 희생양이 되고 말 것이다.

같은 곳에 있지만 다른 세상을 사는 사람들

부의 양극화와 더불어 사고의 양극화도 무섭게 진행 중이다. 누군가는 세상의 가능성을 보고, 누군가는 세상의 부조리를 본다. 누군가는 이미 미래에 살고 있고, 누군가는 여전히 과거에 살고 있다. 누군가는 자신의 삶을 살고, 누군가는 다른 사람의 인생을 산다. 누군가는 부동산 투자 정보를 찾기 위해 카페, 단톡방, 텔레그램 등에서 정보를 수집하고, 법원 경매를 다니고, 부동산 임장을 하고, 부동산을 모아 다주택자의 길을 걷는다. 누군가는 부동산 폭락 유튜브를 시청하고, 하락을 외치는 단톡방과 텔레그램에 호응하며 부동산이 폭락할 수밖에 없는 의견에 동조하며 정보 배포자들을 후원한다.

회사 회식에서는 편한 사람들과 어울리기 마련이다. 회식자리에서 나는 유주택자와 무주택자, 회사에 올인한 사람들과 올인하지 않는 사람들, 정치 이념이 반대되는 무리들이 각각 다른 테이블에 앉는 것을 자주 보았다. 우리의 사고는 반복적인 정보에 노출되면 그 정보의 방향으로 강화된다. 다른 테이블에 앉는 무리들은 서로 다른 생각을 강화시키고 있는 것이다. 그들은 같은 언어를 쓰고 있지만 다른 사고를 가진 사람들과 더 이상 소통하지 못한다. 우리

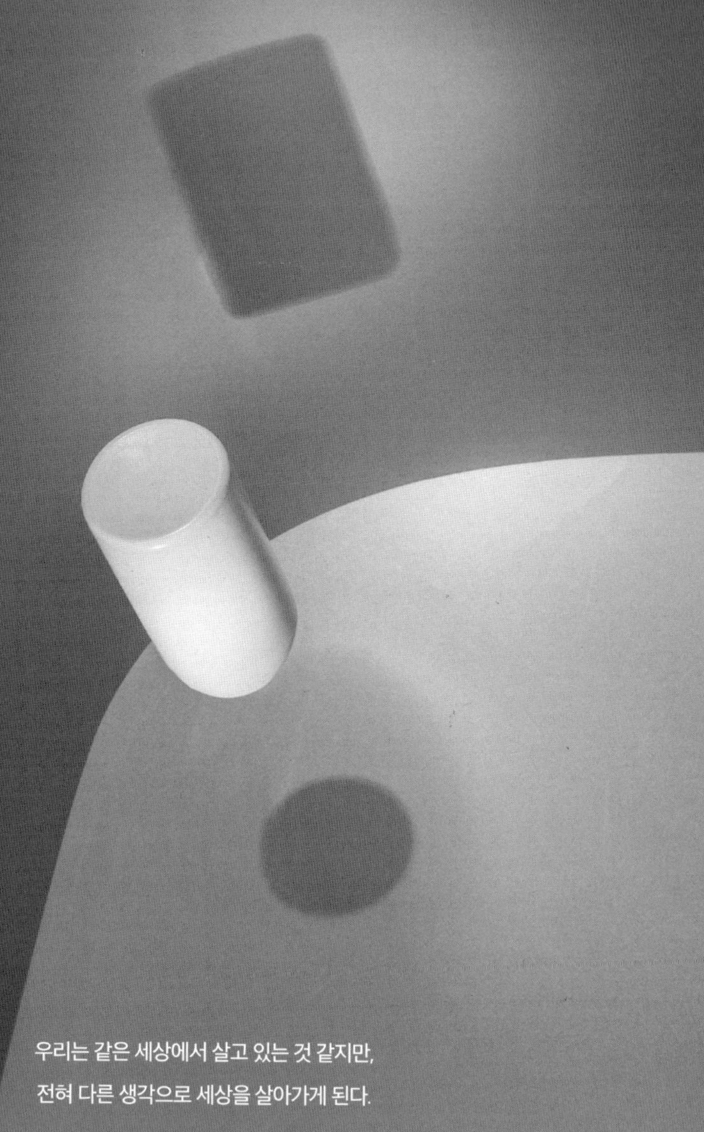
우리는 같은 세상에서 살고 있는 것 같지만,
전혀 다른 생각으로 세상을 살아가게 된다.

모두는 이미 현실이 아닌 자신만의 가상세계에 살고 있는지도 모른다. 그 간격은 점점 더 벌어지고 있다.

애초에 어느 쪽을 선택하느냐는 매우 중요하다. 아직 어느 편에 설 것인지 결정하지 않았다면, 나는 당신이 역사에서 증명된 승자의 편에 서기를 바란다. 역사는 자본가들의 편이었다. 항상 상승은 길었고, 하락은 짧았다. 역사는 대부분 자본이 승리하는 쪽으로 손을 들어주었다. 나는 당신이 자본가들의 줄에 서길 바란다. 우리는 같은 세상에서 살고 있는 것 같지만, 전혀 다른 생각으로 세상을 살아가게 된다. 같은 곳에 있지만, 같은 세상을 사는 것은 아니다.

소비하거나 투자하거나

어떤 부지런한 농부가 아들 셋을 출가시켰다. 농부는 말년이 되자 세 며느리를 시험해보고 싶었다. 부자 농부는 먼저 첫째 며느리에게 벼 낟알 하나를 주며,

"이 낟알은 귀한 것이니 잘 간직하거라."

라고 말했다. 맏며느리가 머리를 조아려 받아보니 달랑 벼 낟알 하나였다. 맏며느리는

"우리 아버님이 이제 망령이 든 게지."

라고 말하며 주저 없이 낟알을 내던졌다.

농부는 다음으로 둘째 며느리를 불러 맏며느리에게 한 것과 똑같이 당부하며 낟알을 주었다. 공손히 받아 들고 나온 것이 낟알임을 안 둘째 며느리는 혀를 차며,

“우리 아버님은 장난도 심하시지.”

라고 말하며 낟알을 홀랑 까먹어버렸다.

다음으로 농부는 막내며느리를 불러 똑같이 말하고 낟알 하나를 주었다. 막내며느리는 낟알을 받아 들고 곰곰이 생각했다.

‘아버님이 이것을 주셨을 때는 필시 무슨 깊으신 뜻이 있을 것이야.’

며느리는 궁리 끝에 마당 구석에 낟알을 두고 그 옆에 올가미를 놓고 그 끝에 끈을 매달아 담벼락 뒤로 가서 기다렸다. 한참 있다 참새 한 마리가 낟알을 보고 내려앉았다. 막내며느리는 ‘이때다’ 하고 줄을 당겨 참새를 잡았다.

마침 이웃집에서 약에 쓰려고 참새를 구하러 다녔기에 막내며느리는 참새를 내어주고 달걀을 얻었다. 달걀을 양계장 둥지에 고이 놓아두었더니 암탉이 품어 병아리가 태어났다. 병아리는 자라서 암탉이 되어 병아리를 열심히 낳았고, 병아리들은 여러 마리의 닭이 되었다. 막내며느리는 닭들을 팔아 암퇘지 한 마리를 사서 길렀다. 암퇘지가 낳은 새끼를 다 키워낸 후 여러 마리의 돼지를 팔아 송아지 한 마리를 샀다.

이야기를 읽고 어떤 생각이 드는가? 아마 이 글을 읽은 절반은 이렇게 생각할 것이다. '에이, 진짜 현실성이 없네. 유교 사상이 깔려 있어서 배울 게 없네.' 나머지 절반의 사람들은 느끼는 바가 있을 것이다. 느끼는 바가 있는 사람들은 이미 작은 것 하나로 남들은 생각하지도 못한 기적을 만들어봤을 확률이 높다. 이미 경험을 해봤으니 앞의 이야기와 같은 상황이 가능하다고 생각할 것이다. 이렇듯 옛이야기에서도 우리의 양극화된 사고를 엿볼 수 있다.

배경에 깔린 유교 사상 때문에 이야기가 거슬린다면 구성을 살짝 바꿔볼까? 농부가 신이고, 낟알이 기회라고 생각해보자. 누군가는 기회를 못 보고 던져버리고, 누군가는 그 기회를 인생 최고의 행운으로 만들 것이다. 우리 인생도 이와 크게 다르지 않다.

직장에서도 비슷한 경우를 많이 볼 수 있다. 한 회사에 비슷한 능력을 가진 두 명의 사원이 있다. 입사일, 월급, 근무 조건이 모두 같다. 10~15년 후 한 명은 마이너스 통장을 끼고 있었고, 한 명은 수십억의 자산가가 되었다. 이는 충분히 가능한 상황이다. 실제로 나는 직장 생활을 통해 자산가가 되었다. 그래서 두 사람 사이에서 왜 이렇게 큰 차이가 발생하게 됐는지 잘 안다. 두 사람의 결과는 아주 작은 마인드의 차이에서 시작됐다.

자본주의는 빈곤에 대한 두려움을 주어 노동하게 만드는 시스템이다. 빈곤의 두려움에 대해 첫 번째 그룹은 소비로 대응하고, 두 번째 그룹은 투자로 대응한다. 우리는 두 번째 그룹이 되어야 한다.

생각이 바뀌면 만나는 사람이 바뀐다

몇 년 전, 고향에서 학창 시절 친구들을 만나면서 깨달은 것이 있다. 시간이 지나면 변하는 사람도 있지만 대부분의 사람은 잘 변하지 않는다는 것이다. 친구들을 만나는 내내 불편한 마음을 지울 수 없었다. 친구들은 여전히 과거의 관점으로 세상을 바라보고 있었다. 세상은 변했는데, 친구들은 변하지 않았다.

친구 A는 돈을 버는 방법이 도박이나 사기밖에 없다고 말했다. 카지노에 가서 모든 돈을 날렸다는 이야기도 했다. 자기는 운이 안 좋고, 금수저로 태어나지 못해 안타깝다고, 그래서 이번 생은 실패란다. 학창 시절이 지금보다 좋았다며, 지금이라도 공무원이 되어야겠다고 한탄했다. 친구 B는 무주택자로 부동산 폭락을 기다린다고 했다. 집값은 터무니없이 비싸고, 지금의 상승은 비정상적이며, 일본처럼 우리나라에도 부동산 폭락이 올 거란다. 그 친구는 아파트 원가에 대해 전문가 수준으로 잘 알았다. 그래서 더욱더 아파트를 살 수 없다고 말했다. 아내가 몇 년 동안 집을 사자고 해도 막무가내였다. 말하는 내용을 들어보니, 부동산 폭락을 예언하는 유튜브 방송의 애청자였고 주기적으로 후원도 하고 있었다. 친구 C는 정치를 탓했다. 세상은 불공평하고 정의가 없는 것은 정치인들이 잘못했기 때문이란다. 그래서 투표를 잘해야 한다고 강조했다. 자신이 지지하는 쪽은 세상을 좋게 바꾸는 쪽이고, 자신이 반대하는 쪽은 세상을 나쁘게 만든다는 믿음에 사로잡혀 있었다.

문제는 이들이 10년째 비슷한 이야기만 한다는 것이다. 과거에도 한 친구는 인생을 불평했고, 한 친구는 부동산 폭락을 기다렸다. 또 다른 친구는 항상 남 탓만 했다. 아마 이들을 10년 뒤에 만나도 대화 주제는 바뀌지 않을 것이다.

나는 사람도 바뀐다고 생각한다. 하지만 소수의 경우만 그렇고, 대부분의 사람들은 바뀌지 않는다. 변화를 갈망하는 소수만이 바뀔 것이고, 대다수는 현재 모습 그대로를 고수할 것이다. 변하는 소수는 매일 과거와는 완전히 다른 사람이 된다. 그런 시간들이 쌓이면 자신은 느끼지 못하지만 주변사람들은 느끼게 된다. 만날 때마다 새로운 관점과 지식으로 무장하고, 새로운 도전을 하기 때문이다. 불행히도 이런 사람은 극히 드물다. 대부분의 사람들은 시간이 흘러도 거의 변하지 않는다.

이를 에너지 관리 차원에서도 설명할 수 있다. 나와 다른 생각을 가진 사람을 만나는 데는 에너지가 많이 든다. 과거에 정체되어 있는 사람을 만나고 대화를 나누면 내 에너지가 소비되는 것이 느껴진다. 에너지 낭비를 막기 위해서는 그렇지 않은 사람들을 만나면 된다. 이것이 인간의 본능적인 에너지 관리 방법이다. 그래서 나이 들수록 끼리끼리 만나게 되고, 같은 부류끼리의 거주지가 형성되고, 동네에 담이 쌓이고, 그 안에서만 고급 정보가 교류된다. 담 너머 세상과의 차이는 계속 벌어지는 것이다. 인류는 그렇게 발전해왔다. 가끔씩 계급이 전복되기도 했지만, 현재는 또 다른 모습으로 그런 나눔이 진행되고 있다.

결국 양극화의 시작은 '가문'에서도 오지만 '생각'에서도 오는 것이다. 그렇기에, '생각'을 바꾸면 내가 만나는 사람들도 바뀔 수 있다. 베스트셀러 《생각하라 그리고 부자가 되어라》를 쓴 나폴레온 힐의 이야기는 너무도 정확하다. 사람은 잘 바뀌지 않기 때문에, 어떤 사람을 만나느냐는 것은 인생에서 너무도 중요한 일이다.

#노동의 가치 #계층의 이동 사다리
#인공지능 #가상세계 #일자리의 위협

미래 사회

근대화로 신분제가 사라지기 전에는 태어날 때의 신분으로 평생을 살아야 했다. 특히 노예나 천민에게 신분 상승의 기회는 거의 없었다. 반면에 왕과 귀족은 권력과 부를 누리며 평생을 살았다. 20세기에 이르러 민주주의가 정착되면서 인류 역사상 중산층이 가장 살 만한 세상이 되었다. 미국 등의 주요 선진국에서는 중산층의 비중이 50% 이상을 차지할 만큼 누구나 노력하면 중산층이 될 수 있었다. 그렇다면, 미래에도 중산층이 계속 늘어날까? 그렇지 않다고 본다. 미래는 다시 과거로 회귀해 양극화 및 신분 고착화 사회가 될 가능성이 높다. 인공지능과 기계에 의해 노동의 가치는 바닥으로 떨어지고 있고, 이는 중산층의 몰락을 의미한다.

소수가 지배하는 사회

생각해보자. 기계가 인간의 몸을 대체하고, 인공지능이 인간의 머리를 대체하게 된다면? 인간 노동의 가치는 사라질 것이다. 노동의 가치가 바닥으로 떨어질 때 점점 더 중요해지는 가치는 무엇일까. 결국, 거대 기업의 지분과 대체 불가능한 토지일 것이다.

서울대 유기윤 교수팀은 미래 계급이 도래할 시기로 2090년을 예상했지만 이들이 예상한 미래는 이미 다가오고 있다. 혁신은 늘 우리의 생각보다 빠르다. 미국의 플랫폼 기업은 웬만한 국가보다 더 많은 부를 만들고 있고, 개인의 부가 작은 국가의 부를 능가하기도 하고, 유튜브 등의 미디어를 통해 소수의 콘텐츠 제작자들이 과거에는 불가능했던 부를 쌓고 있다.

인공지능의 발전으로 인해 노동은 대부분 인공지능에 대체되면서 부의 양극화는 점점 더 심해질 것이다. 결국 미래에는 0.1% 이하의 사람이 전체 부의 99.9% 이상을 소유하는 세상이 될 것이다.

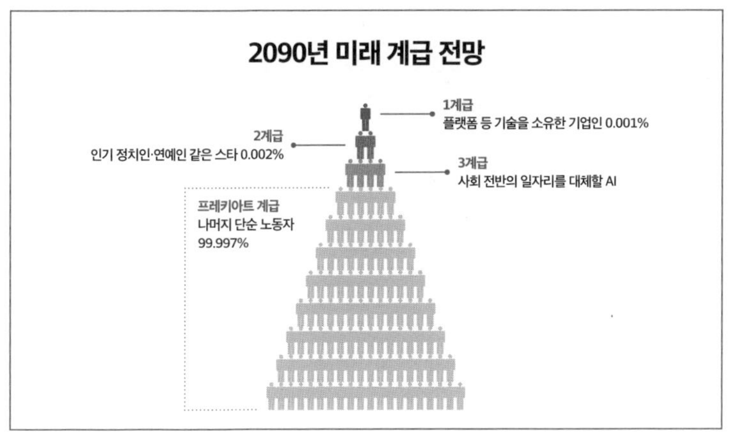

출처 서울대 유기윤 교수팀

2017년 10월 23일자 《더 뉴요커》는 커버스토리로 인공지능과 로봇이 활성화된 미래의 모습을 다뤘다. 표지에는 분주히 도시의 삶을 살고 있는 인공지능 로봇과 구걸하는 사람의 모습이 대조적으로 그려졌다. 이 그림은 모든 생산 활동은 기계가 하고, 인간은 기계가 만드는 부에 의존해서 살아갈 것이라는 섬뜩한 예상을 보여주었다.

제러미 리프킨도 《노동의 종말》에서 지난 200여 년간 기계가 인간의 일자리를 빼앗았고, 그 결과 인간은 다른 일자리를 찾아 헤매는 거대한 이동이 발생하고 있다고 했다. 미래학자 토마스 프레이도 인공지능의 등장으로 2030년에는 전 세계에서 20억 명의 일자리가 사라지고 불평등은 더욱 심해질 것이라고 했다. 또 2050년이

출처 《더 뉴요커》 홈페이지

되면 전통적인 산업 부분을 관리하고 운영하는 데 전체 성인 인구의 5% 정도만 필요하게 될 것이라고 예언했다. 나머지에게는 무슨 일이 주어질 것인가?

노동과 기간을 투입해서 돈을 버는 전통적 개념의 직업은 우리 자녀 혹은 손자 세대에는 보기 힘들어질 수도 있다. 그때는 누가 어떤 자산을 가지고 있느냐가 더 중요할 것이다. 앞으로 다가올 그 시대에 살아남기 위해 우리와 우리 자식 세대가 해야 할 일은 좋은 자산을 모아가는 것이다.

미래 사회에 필요한 대표적인 자산은 AI 기업 지분, 토지 지분 등의 유형 자산과 인플루언서의 영향력, 저작권 등의 무형 자산이다.

이중에 하나를 가지고 있거나 둘 다 가지고 있는 사람은 인공지능에 대체되지 않는 상위 그룹을 차지하게 되고, 그 외에는 인공지능에 대체되어 국가(혹은 거대 기업)에서 주는 기본소득을 받으며 살아갈 가능성이 높다.

지금부터 준비해야 한다. 시간이 지날수록 이 두 가지를 쟁취하기가 더 어려워질 것이기 때문이다. 아직 많이 늦지 않았다.

가상세계의 등장

인공지능에 의해 지배되는 인류의 극단적인 미래라는 상황을 가정해보자. 인류가 충분히 현명하다면 이렇게까지 진행되지 않을 수 있겠지만, 우리는 모든 상황을 대비할 필요가 있다. 우리는 역사를 통해 인간이 항상 최선의 선택을 하지 않는다는 것을 배웠으니까.

미래에 부의 양극화는 이미 극단으로 치달아 누구도 해결할 수 없게 된다. 계층의 이동 사다리는 끊어져서 더 이상의 이동은 없다. 과거에는 노동을 통해 수익을 얻고, 그 수익을 자산으로 바꾸어서 부자가 될 수 있었다. 하지만, 인간의 노동 가치가 바닥인 시대에는 이 또한 불가능하다.

일을 할 수 없고, 돈을 벌 수 없는 대다수 사람들의 불만은 조기에 해소되어야 한다. 마침 기술의 발전으로 이러한 불만은 가상세계에서 해소할 수 있게 된다. 국가와 정치인과 상위 1% 부자들도 그것을 원한다. 가상세계가 없으면 인간의 불만을 해소할 수 없기 때문에 대다수의 행복감을 유지시켜주는 가상세계는 자본주의에서 필수가 된다. 가상세계는 개개인에게 즐거운 공간일 것이다. 현실에서는 가난한 내가 가상세계에서는 전혀 초라하지 않다. 안경만 쓰면 미국 대학에서 수업을 듣고, 이집트 피라미드 주변을 돌아다니고, BTS 콘서트를 즐길 수 있다. 나는 시간과 공간을 초월하는 자유인이 되고, 원하는 것은 무엇이든 할 수 있다.

99%는 국가에서 보조 받는(실제로는 1%가 나눠주는) 돈으로 생필품을 사게 될 것이다. 남은 돈으로는 가상세계에서 통용되는 가상화폐로 교환하여 아바타와 아이템, 입장권을 구입한다. 가상세계에서도 가상화폐를 채굴할 수 있는 기회가 주어질 것이다. 가상세계의 디바이스는 스마트폰을 대체한다. 물론 그들은 현실에서 열악한 환경의 10평 남짓한 방에서 살고 있지만, 그것은 더 이상 중요한 문제가 아니다.

이렇게 세계는 평화로워진다. 1%는 책을 읽고 생각을 하지만 99%는 더 이상 책을 읽거나 생각하지 않는다. 부자들은 태양광 전기 기반의 최첨단 사율수행차를 타고, 가고 싶은 모든 곳을 돌아다닌다. AI 로봇들이 노동을 대신하여 99%가 가상세계에 빠져 있어도 아무 문제가 없다. 1%의 사회 지도층은 99%가 각자의 집에서 가상세계에 빠져 있는 시간에 현실 세계를 즐기며 지구를 넘어 우주여행도 다닌다. 그들은 생명공학에 높은 비용을 지불하고 건강하게 그리고 오래 살 것이다. 그들만의 동네에서 그들만의 문화가 만들어진다. 그들은 여전히 인간이지만 1% 혹은 99%와는 또 다른 삶을 살게 된다.

이런 미래가 잘 그려지지 않는다면 영화 <인타임>을 감상해보자. 영화에는 부에 따라 사는 동네가 구분되어 있는 세상이 나온다. 바로 우리의 자녀 세대가 맞이하게 될 유력한 미래 시나리오이다. 이런 미래가 우리를 기다리고 있다면 우리는 무엇을 해야 할까? 물론, 99%로도 행복하게 살 수 있을지도 모른다. 하지만 나는 내 아이들이 가상세계 안경을 쓰고, 가상세계에서 대부분의 시간을 보내기를 바라지 않는다. 그렇기에 나는 99%가 아닌 1%가 되기 위한 노력을 해야 한다.

헨리 포드의 선견지명

앞으로 최소 10년 동안 일어날 가장 큰 변화에 대해 이야기하고자 한다. 19세기에는 석탄에 의한 증기기관이 발명되어 영국이 세계사의 전면에 나서게 되었다. 영국은 식민지를 통해 풍부한 석탄 자원을 공급받고 증기기관 기술 발전을 통해 산업혁명을 주도했다. 20세기에는 석유에 의한 내연기관이 도입되면서 미국이 역사의 전면에 나서게 됐다. 미국은 대량으로 매장된 자국 내의 석유자원을 통해 내연기관을 발전시켰다. 이 패권의 중심에는 어떤 에너지와 에너지로 가동되는 기계가 있었다.

대부분이 말똥 냄새를 맡으며 마차를 타고 다니던 시절인 1903년, 미국에서 헨리 포드가 동업자와 함께 자본금 10만 달러로 포드 자동차를 설립했다. 1908년에는 세계 최초로 양산 대중차 T형 포드를 제조했다. 이는 인류 역사상 최초의 자동차 대량 생산 시대를 의미한다. 그러나 대부분의 사람들은 헨리 포드를 조롱했다. 당시의 대중들이 보기에 자동차는 비싼 장난감에 지나지 않았다. 많은 사람을 한 번에 이동시킬 수 있는 기차에 비해 자동차는 겨우 몇 명밖에 타지 못했기 때문이다. 또한 당시 자동차 한 대의 개발 비용은 기차 하나를 만드는 비용과 맞먹었다.

이런 이유들로 언론과 대중들은 헨리 포드와 포드 자동차를 조롱했다. 이후 헨리 포드는 자서전을 통해 대중들은 틀렸고, 자동차는 반드시 미래 교통수단의 중심이 될 것이라고 재차 확인하며 세상의 몰이해를 개탄했다. 결국 포드 자동차는 마차의 수요를 대체하면서 20세기에 가장 큰 혁신을 만들어냈다. 지금은 아무도 마차를 이동 수단으로 이용하지 않는다.

반대로 영국은 자동차가 마부들의 일자리를 위협한다는 것에 집착한 나머지 자동차로 인해 많은 일자리가 새로 생겨난다는 것을 인식하지 못하고 시대를 역행하는 선택을 했다. 시대착오적인 적기 조례를 만들어 자동차 역사의 중심에 나설 기회를 잃어버린 것이다. 적기 조례는 빅토리아 여왕 시절인 1865년에 자동차로 인해 피해를 볼 수 있는 마차를 보호하기 위해 제정된 법이다. 당시 증기자동차가 출시되면서 마차업자들의 항의가 계속되자 영국은 적기 조례를 법안으로 제정했다. 기존의 마차 산업을 보호하고 마부와 관련 직종의 일자리를 지키기 위한 조치로 시행된 것이다.

적기 조례 내용을 보면, 자동차에는 반드시 운전사, 기관원, 기수 등 3명이 있어야 하고, 자동차의 최고 속도는 6.4km/h, 시가지에서는 3.2km/h로 제한했다. 자동차를 운행하려면 기수가 붉은 깃발을 앞세워야 하고, 자동차는 마차보다 빨리 달릴 수 없도록 했다. 적기 조례는 1865년부터 1896년까지 약 30년 동안 유지되었다. 이로 인해 소비자들의 자동차 구매 욕구와 관련 산업의 성장이 크게 저하되었다. 이런 규제 때문에 산업혁명의 발상지였던 영국은 결국 자동차 산업의 주도권을 미국과 독일에 넘겨주게 된다. 오늘날에도

영국산 자동차는 여전히 세계의 변방에 머물러 있다.

정작 보호하고자 했던 마부와 마차 관련 산업은 결국 역사 속으로 사라졌다. 그들이 지키고자 한 것은 과연 무엇이었을까? 자동차 산업의 성장을 내다본 일부 사람들은 영국을 떠나 프랑스, 독일, 미국으로 이주해서 자동차 산업에 뛰어들어 막대한 돈을 벌었다. 이처럼 국가와 다른 개인의 선택이 중요하기도 하다.

지금, 다시 새로운 변화가 일어나고 있다. 21세기는 지속 가능한 에너지로의 전환 국면이다. 석탄에서 석유로 넘어간 주 에너지원은 이제 지속 가능한 에너지로 넘어갈 것이다. 현재 가장 앞서 있는 지속 가능한 에너지는 태양광이다. 태양광 발전은 에너지 비용을 최

결국 포드 자동차는 마차의 수요를 대체하면서 20세기에 가장 큰 혁신을 만들어냈다.

소화하면서 지구의 어떤 곳에서든지 사용 가능하다. 이는 인류 역사상 최초로 진정한 민주적인 에너지 자유화를 달성할 수 있다는 뜻이다.

현재 전 세계 인구의 절반은 전기를 사용하지 못한다. 전기가 없어서 서비스와 일자리를 만들어낼 수 없고, 이를 통한 생산 시설의 확충과 관련 소비가 불가능한 상태이다. 미래에 태양광을 효율적으로 이용할 수 있는 시스템이 보급되면, 전 세계의 균등 발전에도 크게 기여할 것이다.

미국에서의 석유 사용이 내연기관을 통해 발전했듯, 태양광 에너지는 자동차 시장을 기점으로 변화를 가속화하고 있다. 우선, 지구상에 돌아다니는 수십 억대의 자동차는 순차적으로 전기차로 변화할 것이며, 이어서 태양광 에너지를 근간으로 한 전기 에너지는 인공지능 로봇, 선박, 항공, 우주선 등으로 확대될 것이다.

아직 과거 영국의 정부나 마차 산업에 끝까지 남아 있던 기득권 세력처럼 변화를 인식하지 못하는 사람들도 있다. 석유와 내연기관 쪽에 남아 있는 사람들은 막대한 손해를 볼 것이고, 태양광과 전기차 시장을 선점한 쪽은 막대한 이익을 거두게 될 것이다. 만약 한쪽을 선택해야 한다면, 당연히 후자를 선택해야 한다. 그 산업에 직접 뛰어드는 것도 방법이겠지만, 그것보다 더 좋은 방법은 그 산업에서 일등이 될 기업의 지분을 사는 것이다.

#고령 사회 #노인 빈곤율
#폐쇄적인 사회 #획일화 교육 시스템

대한민국의 미래

'현대 경영학의 아버지'라 불리는 피터 드러커는 이렇게 말했다.

"인구 통계는 미래와 관련된 것 가운데 정확히 예측할 수 있는 유일한 사실이다."

그는 인구 움직임을 보면 그에 따라 영향을 받는 노동력 규모, 향후 경제 성장 등을 예측할 수 있다고 말했다. 인구 통계야말로 인간의 예측 가능한 유일한 범주에 있다는 것이다.

세계 최대의 채권 펀드를 운영하는 빌 그로스도 비슷한 이야기를 한 적이 있다.

"1년 동안 격리된 채 아무것도 읽지 못하게 통제된 상태에서 오직 한 가지만 알 수 있다면, 나는 인구 통계에 대해서 알고 싶을 것이다."

또 다른 유명한 투자자 마크 모비우스 박사도 이렇게 말했다.

"성장은 결국 인구에 기초를 둔다. 인구수가 잠재적 수요자의 수이기 때문이다. 인구가 많은 나라에 투자하는 것이 유리하다."

늙어가는 대한민국

우리나라는 인구 통계학적으로 점점 암울한 노령 국가가 되어가고 있다. 대한민국은 전 세계에서 가장 빠르게 노령화가 진행되고 있는 나라이다. 이 정도 속도는 전례가 없다. 국가의 잘못된 정책과 사회적 문제로 인해 저출산이 수십 년간 이어져 온 결과이다.

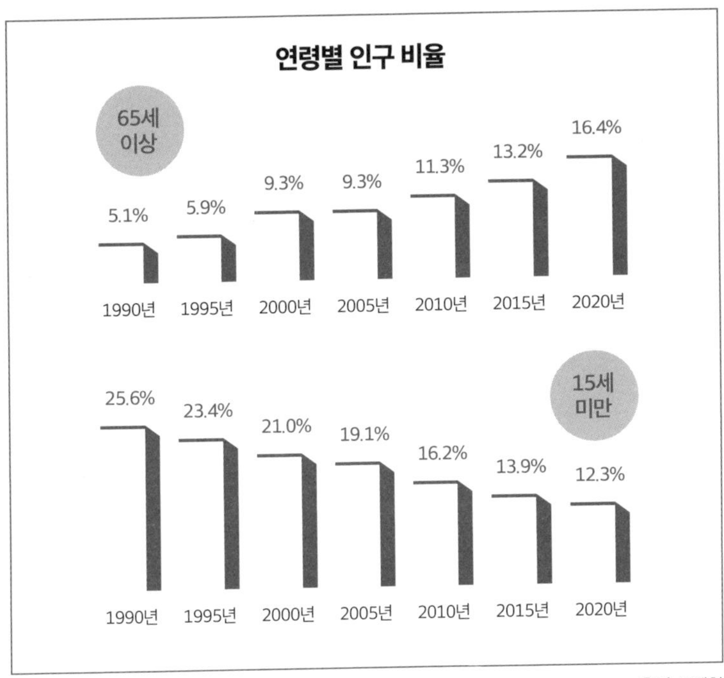

연령별 인구 비율
65세 이상
5.1%
5.9%
9.3%
9.3%
11.3%
13.2%
16.4%
1990년
1995년
2000년
2005년
2010년
2015년
2020년
15세 미만
25.6%
23.4%
21.0%
19.1%
16.2%
13.9%
12.3%
1990년
1995년
2000년
2005년
2010년
2015년
2020년

출처 통계청

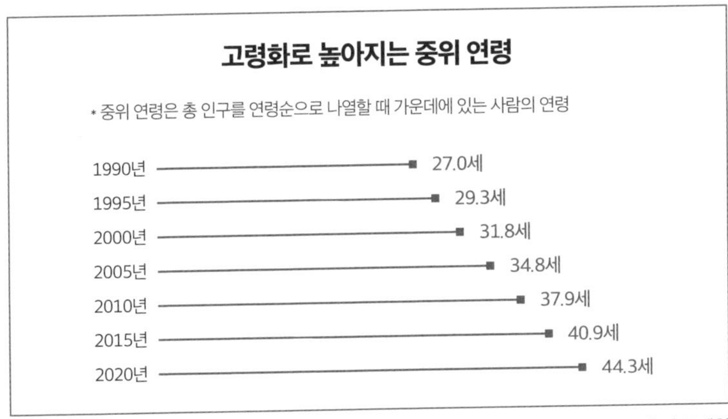

고령화로 높아지는 중위 연령
* 중위 연령은 총 인구를 연령순으로 나열할 때 가운데에 있는 사람의 연령
1990년 27.0세
1995년 29.3세
2000년 31.8세
2005년 34.8세
2010년 37.9세
2015년 40.9세
2020년 44.3세

출처 통계청

구성원의 14% 이상이 노인이면 고령 사회이고, 20% 이상이 노인이면 초고령 사회이다. 2020년 기준으로 대한민국은 이미 고령 사회이고 2025년이면 초고령 사회가 될 것으로 보인다. 2035년에는 일본 이상의 초고령 사회가 될 것이며, 2050년에는 대한민국 인구의 50%가 노인이 될 것이라는 분석도 나오고 있다.

얼마 전, 부산에서 지하철을 탄 적이 있다. 평일 낮이긴 했지만 지하철 이용객 대부분이 노인들이라 깜짝 놀랐다. 또 다른 의미에서의 미래 사회 한가운데에 있는 것처럼 느껴졌다. 부산은 대한민국 제2의 도시지만, 많은 사람들이 부산을 '노인과 바다'로 부르기 시작했다. 앞으로 대한민국의 주요 도시들에서 공통으로 보게 될 고령 사회의 모습이 이미 시작되었다는 신호다.

나도 2040년 이후에는 노인 인구에 속하게 될 것이다. 그때는 인구 2~3명 중에 1명이 노인인 시대다. 대학 졸업 전의 비경제 인구를 제외한 전체 인구의 30% 정도가 경제 인구가 되는 사회가 될 가능성이 높다. 그렇다면, 미래의 경제 인구는 자신을 제외하고도 2명을 부양해야 한다. 로봇, 인공지능과 경쟁하여 겨우 직장을 잡아도 자신을 포함한 3명을 부양하며 세금도 내야 한다. 이런 사회에서 다음 세대는 어떤 꿈을 가지고 살아가게 될까? 안타깝게도 이런 추세는 계속 될 것이다. 갑자기 출산율이 폭발적으로 오르거나 위험한 질병의 유행으로 노인 인구가 급격히 줄어들지 않는 한 말이다. 둘 다 거의 가능성이 없는 일이다. 사람들은 점점 더 아이를 낳지 않을 것이고, 노인들의 수명은 더 길어질 것이다.

적자 인생이 기다리고 있다

대한민국의 노인 빈곤율이 40%를 넘어섰다. OECD 국가에서 단연 1위이며 OECD 평균의 무려 3배가 넘는다. 10년 뒤에는 빈곤율이 50%를 넘을 것이라는 예측도 제기되고 있다. 노인 2명 중에 1명 이상이 빈곤해질 수 있다는 말이다.

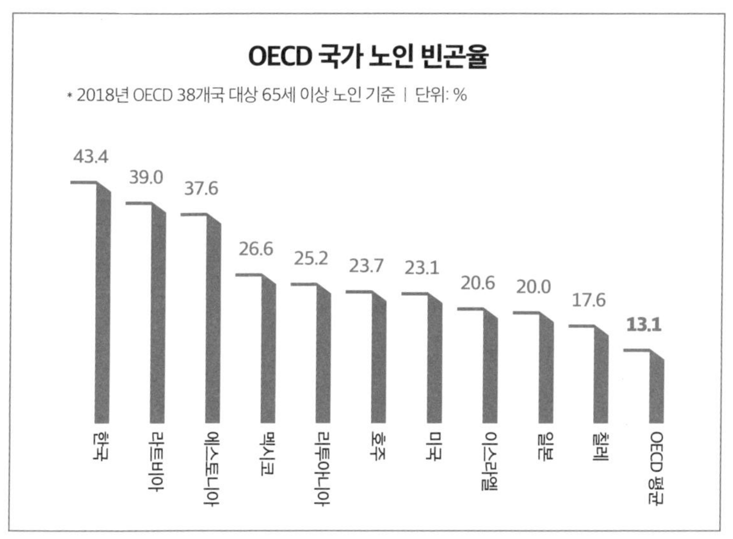

출처 《연합뉴스》, 2022. 6. 21.

그런데 대한민국의 노인 고용률은 OECD 국가 중 1위이다. 언뜻 보면, 국가가 노인을 위해 일자리를 제공해주니 좋은 일이라고 생각할 수 있지만 늙어서도 일을 해야 되는 노인들의 절박한 상황을 보여주는 지표라고 할 수 있다. 대한민국은 이미 늙어서도 계속 일할 수밖에 없는 사회로 접어든 것이다.

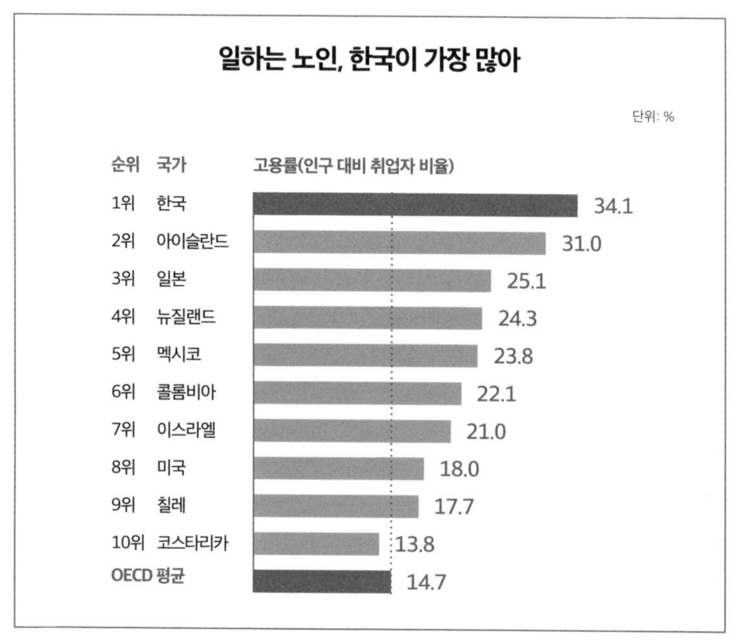

출처 《중앙일보》, 2021. 11. 27.

왜 노인이 되면 빈곤해질까? 원인으로는 급속한 경제 성장에 따른 부의 양극화, 과도한 교육열에 의한 자녀 사교육비 지출, 사회 보장 제도의 부족 등을 들 수 있다.

대한민국에서 태어난 평범한 국민의 삶을 살펴보자. 학교에 들어가면서부터 경쟁에서 이기기 위한 교육을 받고, 좋은 직장에 취업하기 위한 목적으로 학창시절을 보낸다. 특별한 꿈을 꾸기보다 취업을 위해 대학에 들어가고, 취업에 유리한 스펙을 쌓으며 대학을 졸업한다. 치열한 경쟁을 뚫고 취업에 성공하고 나면 겨우 흑자 인생이 시작되는가 싶지만, 아이 양육과 사교육 전쟁이 기다리고 있다. 이후, 직장의 피라미드 조직에서 근근이 버티다가 퇴직하고 나면 남은 돈이 거의 없다. 아이들을 결혼시키고 나면 빈털터리에 적자 인생이 된다. 문제는 그 이후로도 20년 이상의 노년이 남아 있다는 것이다. 허탈감도 잠시, 어쩔 수 없이 필요 없는 소비를 줄여가며, 그래도 자식을 잘 키워냈다는 것에 안도감을 느끼며 삶의 끝을 향해 나아간다. 상황과 과정은 약간씩 다르겠지만 이 정도가 평균적인 삶이다.

대한민국 국민들은 60세부터 마이너스 자산을 안고 산다. 대한민국 평균 수명이 82세라고 하니, 20년 이상은 마이너스 인생을 살아야 한다. 국가나 자녀들이 도와주지 않는다면, 평균적인 대한민국 사람들은 비참한 노후를 보내야 한다는 것을 의미한다.

더 큰 문제가 있다. 앞에서 말한 고령화까지 겹치게 되면, 마이너스 인생은 더 길어질 수밖에 없다. 우리 경제는 당분간 장기 침체가 예상된다. 취업은 지금보다 더 힘들어질 것이고, 노동의 대가는 점점 더 박해질 것이다. 어려운 시기가 우리를 기다리고 있다. 당신이 30~40대라면 지금부터 정신을 바짝 차려야 한다. 아버지 세대처럼 노동에만 의존해서는 평균적인 대한민국 국민의 범주를 절대 벗어날 수 없을 것이다.

대한민국의 과도한 폐쇄성

대한민국을 생각할 때, 가장 걱정하는 것 중의 하나가 폐쇄성이다. 우리나라는 매우 폐쇄적인 사회이다. 전통을 강조하는 유교 문화가 바탕에 깔려 있기 때문에 그렇기도 하지만, 일제 강점기와 전쟁 등의 역사가 우리 사회를 더욱 폐쇄적으로 만들었다. 우리와 외모가 비슷한 일본이나 북한 출신의 사람들이 동네에 들어오면 살아남기 위해 각자 문을 걸어 잠갔다. 외세 억압과 이념 갈등이 가져온 비극이, 결과적으로 외부와의 접촉을 끊어야 생존에 유리하다는 것을 본능적으로 인지하게 해주었다.

가끔은 내부의 적이 더 잔인했다. 이념 갈등으로 전쟁이 일어나

반쪽으로 나누어졌고, 여전히 서로를 비난하기에 바쁘다. 최근 급격하게 진행된 부의 양극화를 이용하려는 정치인의 전략까지 더해지면서 사회 갈등은 극에 달했다. 유튜브 등 개인 미디어의 발전은 필터링되지 않은 정보를 확산시키고 있고, 사람들은 자신의 입맛에 맞는 정보만 계속 보고 있다.

도시 경제의 핵심으로 '창조 계급'을 지목한 리처드 플로리다 교수는 《The Rise of the Creative Class》에서 게이가 많을수록 창조성이 높고, 하이테크 기업 분포도 또한 늘어나는 것을 증명했다. 그 이후 많은 연구에서 미국 도시들의 혁신 지수를 조사했는데, 혁신 지수는 게이 지수와 꽤 비슷했다. 게이들이 가장 많이 가는 도시가 혁신 도시라는 것이다. 그 이유는 무엇일까? 게이에게 열린 도시에서 생각과 아이디어의 융합이 일어나고 혁신이 일어나는 것이다.

고대 아테네, 중세 피렌체, 근대 빈, 현대의 실리콘밸리를 살펴보자. 각 시대를 대표하는 도시들이다. 이 도시들의 공통점은 외국의 다양한 아이디어를 받아들이는 데 주저하지 않았다는 것이다. 논쟁은 하되 비난하고 척을 지지는 않았다. 전 세계에서 아이디어와 인재를 빨아들이면서 당대 최고의 혁신을 만들어낸 도시가 되었다.

우리나라는 어떤가? 게이를 포용하는 것은 엄두도 못 낼 일이다. 우리 사회는 외국인 노동자조차 온전히 포용하지 못 하고 있지 않나. 장애인 등의 사회적 약자에 대한 배려도 부족하다. 노사 갈등, 좌우 갈등, 젠더 갈등, 세대 갈등 등으로 국민들은 첨예하게 분열되

미래 사회는 인간의 창의성에 기초한 사회가 될 것이다.
애덤 스미스는 한 나라의 진정한 부의 원천은 그 나라 국민들의 창의적 상상력에 있다고 말했다.

어 있다. 남이 잘되는 건 두고 볼 수 없는 사회이다. 우리 사회는 다양성을 허용하지 않는다. 이런 과도한 폐쇄성은 미래로 갈수록 대한민국의 국가 경쟁력을 갉아 먹는다. 이렇게 폐쇄적인 사회는 폐쇄적이고 획일적인 교육 시스템을 만들었다. 과거에 앨빈 토플러는 한국의 교육 시스템을 이렇게 비판했다.

> "한국 학생들은 하루 15시간 동안 학교와 학원에서 미래에 필요하지도 않을 지식과 존재하지도 않을 직업을 위해 시간을 낭비하고 있다."

미래 사회는 인간의 창의성에 기초한 사회가 될 것이다. 애덤 스미스는 한 나라의 진정한 부의 원천은 그 나라 국민들의 창의적 상상력에 있다고 말했다. 지금과 같은 상태를 계속 유지한다면 대한민국은 앞으로도 과도한 폐쇄성으로 창의성을 잃어가는 나라가 될 것이다. 국가 없이 개인은 존재할 수 없다. 국가가 힘들어지면 평균적인 대한민국 국민의 부는 줄어들 것이다. 국가 경쟁력을 키우기 위해서 각 개인이 노력해야겠지만, 국가의 경쟁력과는 별도로 개인도 각자의 부를 지키기 위해서 최선을 다해야 한다.

2단계

자본주의 필수 정신

#시간은 유한하고 돈은 무한하다
#인생이 무기력하다면 #포기하지 않는 힘

절박함

영화 <인타임>은 시간이 화폐인 미래 사회를 그려냈다. 영화 속 사람들은 시간을 가지고 물건을 사고, 시간이 부족해서 목숨을 잃는다. 영화를 보면서 다음과 같은 질문을 던지게 된다. 시간은 힘인가? 시간은 권력인가? 시간은 화폐인가? 이 영화에서 시간은 이 모든 것이라고 말할 수 있다.

Time is power, time is money

직장에 다닐 때는 노동만이 나의 수입이었기에 직장 생활에 모든 시간을 쏟아야지만 생존할 수 있었다. 생존을 위해 시간이라는 한정된 자원을 끊임없이 투입해야 했던 것이다. 시간을 투입하지 않으면 생존할 수 없는 위치에 있었는데도 나는 그것을 자각하지 못했다. 내가 원하는 것을 하기 위해서 원하지 않는 것들을 우선시하는 삶이었다. 원하는 시간들을 확보하기 위해서 원하지 않는 시간을 먼저 지불하는 삶이었다.

하지만 저축과 부업, 투자를 병행하여 일하지 않아도 수십 년의 삶을 살 수 있는 자산을 만든 지금은, 내가 원하는 사람들과, 원하는 장소에서, 원하는 시간에, 원하는 것을 할 수 있는 자신감을 얻게 됐다. 그것이 주는 자존감, 자유, 만족감 등은 경험해본 사람만이 알 것이다.

나는 지금 이렇게 생각한다. 'Time is power, time is money.' 시간의 양은 정해져 있다. 화폐 발행량은 지속적으로 늘어나기라도 하지만 시간의 양은 지속적으로 줄어들고 있다. 우리는 시간은 무한하고, 돈은 유한하다고 생각한다. 사실, 시간은 유한하고 돈은 무한한데 말이다. 대부분의 사람들은 시간보다 돈을 더 중요하게 생각한다. 그러나 돈보다는 시간을 더 소중하게 생각해야 한다. 이런 깨달음을 얻으면, 지금 지나가는 시간이 너무 아깝다는 생각을 하게 된다. 내 돈이 매일 매순간 빠져 나간다고 생각하면 가만히 있을 사람은 없을 것이다. 하지만 매일 시간이 줄어들고 있는 것을 심각하게 받아들이는 사람은 별로 없다. 삶의 절박함을 느끼는 사람들은 시간을 중요하게 생각한다.

절박함이 부족한 당신을 위한 추천 도서

모든 사람이 삶에서 절박함을 경험하는 것은 아니다. 그렇다고 일부러 경험할 수도 없다. 그렇다면 책을 통해 타인의 절박함을 느껴보는 것도 좋은 방법이다. 삶에서 절박함이 부족하다고 생각하는 사람들이 읽어보면 좋을 3권의 책을 추천한다.

《스물아홉 생일, 1년 후 죽기로 결심했다》

'하야마 아마리'라는 얼굴 없는 작가의 소설이다. 실화를 바탕으로 쓴 소설로, 제1회 일본감동대상에서 대상을 받았다. 파견사원, 실연, 아버지의 투병이라는 나쁜 조건을 안고 사는 자존감 낮은 여자가 1년 동안 시한부 인생을 살기로 결심하고 많은 것에 도전하는 이야기이다.

그녀는 자신의 작은 방에서 자살을 생각하다가 우연히 본 라스베이거스에 가고 싶다고 생각하게 됐다. 가장 초라한 자신이 가장 화려한 곳에서 최고의 순간을 맛본 다음에 죽기로 결심한다. 그 이후에는 돈을 벌기 위해 파견사원, 호스티스, 누드 모델 등을 병행하며 죽을힘을 다해 살아간다. 자살할 용기를 살아가기 위한 용기로 사용한 것이다.

이 책은 허리 디스크로 입원했을 때 읽게 된 책으로, 주인공의 상황이 공감돼 단숨에 여러 번을 읽었다. 이 책을 읽은 후 앞으로 1년 동안 나를 위해 살아보자고 결심했다. 책을 읽었을 때의 감동이 아직도 생각난다. 삶의 의지가 부족하거나 삶에 변화가 필요하다고 느끼는 분들은 꼭 읽어봤으면 좋겠다.

《어느 날 400억 원의 빚을 진 남자》

이 책은 주식회사 유사와의 대표이사 유자와 쓰요시의 실화를 담고 있다. 그는 일본 대기업인 기린맥주에 입사해서 회사의 인정을 받으며 승승장구하던 중 갑작스런 아버지의 죽음으로 400억 원의 빚을 안은 회사를 이어받게 됐다. 망해가는 회사의 대표가 되어보는 것을 책임져야 했던 끔찍한 상황에서 상황은 점점 더 나빠지기만 했다.

이런 상황에서 주인공은 앞으로 아무리 힘들어도 딱 5년 동안만

참기로 한다. 지하철에 투신할 뻔한 일도 있었고, 음식점을 살리던 과정에서 광우병을 만나 위기를 겪기도 했다. 노로 바이러스 발생으로 음식점 사례가 신문에 보도되기도 하고, 가게가 불타기도 했다. 하지만 그는 결심한 대로 5년 동안 포기하지 않았고, 끝내 성공했다.

지금 최악의 상황에 있다고 생각하거나 미래가 없는 현실을 반복해서 살고 있다고 생각하는 분들에게 꼭 소개하고 싶은 책이다. 나도 가장 힘들었던 시절에 이 책의 도움을 받았다. 특히 주인공의 현실적인 노하우들을 나의 현실에 적용할 수 있었다.

《살아야 한다, 나는 살아야 한다》

이 책은 독일의 나치 정권의 홀로코스트에서 살아남은 마르틴 그레이의 실화를 담고 있다. 그는 나치의 유대인 학살 정책으로 매일을 죽음의 문턱에서 생활하며 100명이 넘는 일가친척을 잃었다. 그는 삶과 죽음의 경계에서 삶의 의미를 고민하면서 일생을 살았다. 이 책은 처음부터 끝까지 생존과 삶의 의미에 대한 질문을 던지고 있다.

긴 고통의 시간이 끝나 평화가 찾아오고, 홀로 살아남은 주인공은 할머니가 살고 있는 미국으로 이민을 간다. 가진 것이 아무것도 없었던 그는 경제적 자유를 위해 밑바닥부터 처절하게 도전했다. 나치 아래에서 감옥 생활을 하던 것에 비해 미국의 삶은 그리 힘들지 않았으니까. 행상, 웨이터 등의 일을 통해 밑바닥부터 일을 배운 그는 결국 큰 부자가 됐다. 하지만 행복은 오래가지 않았다. 화재로 사랑하는 아내와 4명의 아이들을 잃은 것이다.

그의 아버지는 늘 그에게 살아남아야 한다고 말했다. 부모와 동생들, 아내와 자식들마저 잃었음에도 그는 책의 마지막까지 생존의 의미에 대해서 말했다. 어떠한 상황에서도 희망을 버리지 않는다면 원하는 인생을 살 수 있다며, 지금 고통받는 모든 사람들에게 자신이 희망의 증거가 되기를 바랐다. 나도 이 책을 읽고 인생을 살아갈 용기를 얻었다.

세 권의 책은 무기력한 삶을 살던 내가 새로운 도전을 할 수 있게 해주었다. 모두 3번 이상을 읽었고 좋아하는 부분은 수십 번을 반복해서 읽었다. 나보다 훨씬 열악한 상황에서도 포기하지 않고 도전해서 삶의 의미를 찾은 사람들의 이야기를 읽으며 한없이 반성했다. 여러 번 반복해서 읽다보니 어느 순간 변화를 위한 행동을 시작할 수 있었다. 주인공들은 하나같이 달성해야 할 목표의 데드라인을 정해놓고 목표를 향해 나아갔다. 그들은 모두 시간의 소중함을 알고 있었다. 당장 생각해보자. 당신이 반드시 1년 안에 이루고 싶은 목표는 무엇인가? 그 목표를 이루기 위해서 하루하루를 어떻게 살아야 할 것인가?

만약, 당신이 지금 무기력한 인생을 살고 있다면 이 책들을 일독

하길 권한다. 슬럼프를 겪게 될 때마다 꺼내 읽어도 좋을 것 같다. 쉽게 읽히는 순서대로 소개했으니 이 또한 참조했으면 좋겠다. 인간은 희극을 통해서도 교훈을 얻지만 비극을 통해서도 교훈을 얻는다.

절박한 순간 나타나는 포기하지 않는 힘

절박할 때 자동으로 생기는 능력이 있다. 바로 포기하지 않는 힘이다. 꿈을 달성해야 할 절박한 상황에 놓일 때, 우리는 세상의 거절을 거절하는 힘을 갖게 된다.

> 성공이 찾아오기 전에 잠시의 실패가 먼저 찾아온다. 패배가 우리를 잡아먹을 때, 가장 쉽고 논리적인 반응은 그만두는 것이다. 그리고 대부분은 그렇게 한다. 미국에서 가장 성공한 500명이 넘는 사람들은 이렇게 말했다. 완전히 패배한 순간, 한 걸음 떼는 것으로 지금의 성공을 이루었다.
>
> -나폴레온 힐, 《생각하라 그리고 부자가 되어라》 중에서

완전히 패배한 순간, 대부분의 사람들은 포기하지만 거기에서 한

걸음 떼는 사람들은 차이를 만들어낸다. 그들은 한 걸음을 다시 떼야 할 이유가 있었다. 그런 이유를 가진 사람들은 포기하지 않는다. 절박함은 포기도 모르게 만든다. 포기를 모르는 사람이 포기하는 사람보다 결국 우위에 설 수밖에 없다.

서울대 의예과에 수석 합격한 학생이 이런 말을 한 적이 있다.

"독서실에 마지막까지 남아 공부를 했다. 참 웃기는 일이었다. 내가 제일 공부를 잘하는데, 내가 제일 열심히 했다."

당연한 말이다. 원래 세상은 1등이 더 열심히 하고, 꼴찌는 더 열심히 논다. 그래서 시간이 흐를수록 차이가 더 벌어지게 된다. 나는 그 학생이 다른 학생들보다 공부해야 할 더 절박한 이유가 있었다고 생각한다.

지인 중의 한 사람은 장애가 있는 아이를 키우고 있다. 그는 아이를 위해 병원비를 지불해야 했고, 아이가 어른이 되었을 때 보호해줄 수 있는 자금을 모아야 했다. 그래서 그는 퇴근 후 대리운전을 한다. 이렇게 모은 돈으로 자신과 아이의 계좌에 미국 우량 주식을 적립했다. 이렇게 10년 동안 해서 나스닥 주식은 그가 투자한 자금의 5배 이상을 불려주었다. 지금은 자기 계좌의 주식을 매도해서 서울 인근의 부동산을 샀다. 아이 계좌에는 이미 1억 이상의 돈이 모여 있다. 지금도 여전히 아이의 미래를 위해서 주식의 등락에 상관없이 계속 모아주고 있다.

이 모든 과정이 쉽지 않았을 것이다. 직장을 다니며 야간에 대리

운전을 하는 것도, 미래를 위해 주식에 투자하는 것도 쉬운 일이 아니다. 하지만 그가 포기하지 않고 그 길을 계속 갈 수 있었던 것은 아픈 아들을 위한 마음 덕분이다. 할 수밖에 없는 절박한 이유가 포기하지 않는 힘을 만들고, 그가 힘들 때마다 한 걸음 더 뗄 수 있도록 만들었을 것이다.

주변에도 부동산 및 주식 투자를 위한 이자 비용 때문에 소비를 극단으로 줄여야 하는 사람들이 있다. 나도 그들 중 한 명이다. 그들은 스스로의 자금 상황을 절박하게 만든다. 보유하고 있는 현금을 빠듯하게 운영하는 것도, 돈을 더 벌어야 하고 소비를 줄여야 하는 이유를 만들어준다.

#적당한 긴장감은 삶의 원동력
#위험을 모를 때가 가장 위험하다

안티프래질

나는 안티프래질(Antifragile)의 개념을 매우 중요하게 생각한다. 안티프래질은 예상치 못한 충격이 닥쳤을 때 손실보다 이득이 커지는 상황을 만드는 것을 의미한다. 월스트리트 투자 전문가인 나심 탈레브가 쓴 책《안티프래질》에서 소개한 핵심 개념이다.

그는 책에서 다음과 같은 안티프래질의 예를 들었다. 과거에 타이타닉 호가 침몰하지 않았다면 계속해서 그와 같이 큰 선박을 안일하게 건조해서 더 큰 재앙이 닥쳤을 것이다. 후쿠시마 원전 사고도 원자로의 문제점을 깨닫게 해주어 더 심각한 재앙을 통제하게 해주었다. 이처럼 모든 불운은 인간에게 교훈이 되어 더 큰 불운을 막을 수 있는 계기가 된다.

손실보다 이득을 떠올리는 자세

쉽게 생각하면 이렇다. 큰 병이 생겨서 입원을 했다고 하자. 자신의 병에 좌절하고 힘들어한다면 손실만 키우는 것이다. 이번 경험을 기회 삼아 다시는 아프지 않게 자기 몸을 관리해서 평생을 건강하게 살아가고, 이런 경험을 주변과 나누는 사람이 된다면 아팠던 경험이 나를 위해 안티프래질 한 것이다. 이 개념은 당신이 살면서 반드시 가져야 할 삶의 자세이다.

과거에는 불량 만두나 김치 파동 등의 문제가 크게 터지면, 한동안 만두와 김치를 소비하지 않았다. 하지만 해당 제품들은 그런 이슈 직후 가장 안전한 시기로 들어간다고 볼 수 있다. 전국의 모든 생산업자들과 음식점 업주들이 불량 이슈에 대해서 민감하게 대응할 수밖에 없는 시기이기 때문이다. 안티프래질의 개념을 잘 이해한다면, 대한민국에서 김치가 가장 안전한 때는 김치 파동 직후라는 것을 알 수 있다.

반대로 생각하면, 안정은 오히려 리스크 축적을 의미한다. 프로젝트별로 계약해서 먹고 살아가는 프리랜서는 소득이 불안정하지만 작은 변화에 끊임없이 노출되었기 때문에 웬만한 위기는 극복할 수 있을 것이다. 하지만 월급을 받으며 안정적으로 살던 회사원은 조직에서 쫓겨나는 순간 추락할 수 있다. 이처럼 안정적인 포지션을 계속 추구하면 실제로 위험해질 수 있다. 반면, 변화에 자신을 노출하면 그 순간은 괴로워도 실제로는 더 안전해질 수 있다. 매일 안티프래질 하고 있는 사람과 안정 속에서 살고 있는 사람과의 격차는 시간이 흐를수록 더 벌어질 것이다.

가장 안전한 것은 가장 위험한 것

이 세상에서 가장 안전한 것은 아무것도 하지 않는 것이라고 말하는 사람들이 있다. 한때 '이불 밖은 위험하다'는 짤이 유행하기도 했다. 부동산과 주식에서 손해를 본 사람들은 투자는 위험하기 때문에 하지 말라고 조언한다. 부동산과 주식은 노박이라고 생각하기도 한다.

사회 초년생 시절, 나의 부모님도 주식과 부동산은 평생 하지 말라고 했다. 아울러 직장을 오래 다니는 것이 중요하고 안전하다며,

항상 직장 상사와 동료들에게 잘해야 한다고 했다. 맞는 말이다. 하지만, 직장을 오래 다니는 것이 안전한 것인지에 대해 생각해볼 필요는 있다. 부모님 세대와 달리 평생직장이라는 개념은 점점 희미해지고 있기 때문이다.

내가 다니고 있는 직장의 많은 부장님들은 40대 중반에 은퇴를 했다. 퇴직금과 위로금 몇 억을 받고 퇴사하지만, 사실 그 돈은 몇 년이면 사라지게 된다. 은퇴 후 40년 이상을 더 살아야 하는데, 직장 생활만 하던 사람이 그 기나긴 시간을 어떻게 보낼 수 있을까? 대부분의 부장님들은 퇴사 즈음에서야 급하게 무엇인가를 준비했지만 3년도 되지 않아 가진 돈을 잃고 말았다.

투자도 마찬가지다. 아무것도 하지 않으면 그냥 도태된다. 가중되는 인플레이션에 내가 가진 돈의 가치도, 변화하는 세월 속에서 내 노동의 가치도 매일 녹아내리고 있다. 많은 사람들은 녹아내리는 돈과 노동의 가치는 인식하지 못하면서, 부동산과 물가만 오른다며 나라와 정치와 세상을 원망하면서 살고 있다.

이 세상에서 가장 안전한 것은 시대에 맞는 새로운 방식을 익히고 배우는 것이다. 그것이 가장 안전하다. 모든 배움은 이론으로도 배우고 실전으로도 배워야 한다. 실전에서 깨지면서 배우는 경우가 많은데, 하루라도 어릴 때 깨지는 것이 좋다. 나중에 몇억, 몇천만 원으로 깨질 것을 지금은 몇십만, 몇백만 원으로 깨지고 배울 수 있다. 이것이 진정한 안티프래질이다.

세상에서 가장 위험한 삶은 위험을 모르는 삶이다. 그래서 어릴 때부터 자본주의를 정면으로 부딪쳐 경험해온 사람이 가장 안전하다고 할 수 있다. 사람은 도전을 통해 자신을 안티프래질 해야 한다. 도전을 외면하면서 편안한 길만 선택한 사람이 결국은 가장 위험한 삶을 살게 된다.

천적이 없는 어항 속 물고기의 운명

러시아 과학자들이 동물들을 대상으로 흥미로운 실험을 진행했다. 첫 번째 그룹의 동물들에게는 많은 음식과 좋은 공기 등 살기 좋은 환경을 제공했다. 그 동물들을 괴롭히는 것은 전혀 없었다. 동물들은 항상 초원에서 즐겁게 생활했다. 동물들의 털에서는 윤기가 흘렀고 건강 상태도 좋았다. 두 번째 그룹의 동물들에게는 평안과 위협이 공존하는 공간을 제공했다. 동물들은 초원에서 한가롭게 놀다가도 맹수의 습격을 받아 상처를 입거나 희생되기도 했다. 또 먹이를 얻기 위해서도 노력해야 했으니 지속적으로 스트레스에 노출되었을 것이다.

실험 결과는 놀라웠다. 안락한 환경에서 살았던 첫 번째 그룹의 동물들이 먼저 병들어 죽어갔다. 반면, 평안과 위협이 공존하는 환

세상에서 제일 위험한 삶은 위험을 모르는 삶이다.
편안한 환경에서 천천히 죽어갈지, 아니면 하루라도 빨리
자본주의의 게임에 참여할지 선택해야 한다.

경에 있던 두 번째 그룹의 동물들은 오래 사는 경우가 많았다. 천적이 없는 어항의 물고기는 빨리 죽고, 천적이 있는 경우에는 오래 산다는 이야기도 같은 맥락이다. 결국, 어느 정도의 고통과 긴장이 건강과 수명을 보장한다고 볼 수 있다.

당신은 지금 힘든 일이 많아서 고통스럽고 세상이 원망스러울 수 있다. 하지만, 어떻게 보면 고난과 역경은 삶이 우리에게 주는 선물이다. 물론, 초원이나 호수에서 일부는 희생되기도 하지만 살아남은 사람들은 편안한 환경에 있던 사람들보다 훨씬 강해지고 건강하게 살아갈 것이다.

적당한 긴장은 인간을 건강하게 한다. 세상에서 제일 위험한 삶은 위험을 모르는 삶이다. 편안한 환경에서 천천히 죽어갈지, 아니면 하루라도 빨리 자본주의의 게임에 참여할지 선택해야 한다. 핵심은, 빠르게 참여하는 것이 뒤늦게 참여하는 것보다 유리하다는 것이다. 천적이 없던 어항의 물고기가 뒤늦게 천적이 있는 어항에 들어가면 어떻게 되겠는가? 가장 먼저 잡아먹힐 것이다.

부정적인 감정도 힘이 된다

남들이 대단해 보일 때가 많다. 나의 삶을 남과 비교하고 싶지 않아도 자본주의는 나보다 나은 수많은 사람들과 비교하도록 만든다. 남과 나를 비교하면 상대적으로 내가 한심해 보인다. 나도 모르게 질투심, 열등감, 부러움, 후회 등의 감정을 느끼게 된다.

직장 생활을 시작하고 5년 동안 월급의 70%를 모았다. 외식 한 번 제대로 하지 않았고, 저렴하지만 깔끔한 옷을 즐겨 입었다. 브랜드 커피를 마신 적도 거의 없었다. 회사에서 식사와 커피를 해결했다. 나는 미래를 준비할 수 있는 현재의 간소한 삶이 마음에 들었다. 그럼에도 늘 부러워지는 상황들이 생겼다. 미팅에서 마음에 들었던 상대방은 BMW를 가진 내 친구에게만 관심을 보였다. 그 때문에 나는 마음에 드는 이성을 만나기 위해 '있어 보여야' 하는지에 대한 고민도 했지만 결국, 내면을 충실히 가꾸어 서로의 내면을 알아보는 사람을 만나기로 했다. 타인의 소비가 부러워질 때마다 나는 보유하고 있는 투자 자산을 조용히 세어보거나 투자한 기업의 미래를 상상했다.

나는 글을 읽고 쓰는 것을 좋아한다. 어떤 글은 읽으면 열등감이 느껴진다. 세상에는 내가 상상할 수 없는 스토리와 문장력을 가진 사람들이 많다. 타고난 것일까, 아니면 노력한 것일까. 알 수 없었다. 그런 생각이 들 때마다 더 책을 읽고 글을 썼을 뿐이다. 나보다 자산이 많고, 주식 투자 금액이 많은 사람들을 만나곤 한다. 서울 핵심지에 좋은 부동산이 수십 채인 사람도 만난다. 그때마다 부러움을 느끼면서 대출이라도 해서 더 빨리 자산을 키워야겠다는 생각도 했다. 그때마다 마음을 다잡고 오늘 할 수 있는 것들에 집중하고자 했다.

우리는 인간이기 때문에 타인과 나를 비교하게 된다. 비교하는 것 자체가 나쁜 것이 아니다. 타인과 비교하지 않는 것은 인간이기를 포기하라는 말과 다를 바가 없다. 나의 객관적인 위치를 알기 위해서는 나를 타인과 비교해봐야 한다. 다만, 그 비교가 스스로에 대한 비난의 화살로 돌아오면 안 된다.

열등감이나 두려움, 질투심도 삶의 재료가 될 수 있다. 가장 최선의 자세는 부정적인 감정이 들 때마다 이를 재료 삼아 나의 발전을 위해 사용하는 것이다. 부정적인 감정들도 스스로를 고양시키는 힘으로 사용해야 하는 것이다. 이런 것이 진정한 안티프래질이고, 세상을 슬기롭게 사는 방법이다. 나에게 부정적인 감정을 만들어주는 세상의 선물은 너무도 많다. 그것들을 모아서 안티프래질의 힘으로 사용하면 훌륭한 인생을 만들 수 있다. 우리 주변에 유의미한 업적을 만든 사람들은 대부분 그런 마인드로 인생을 살아가고 있다.

#장기적인 안목 #성공 가능성
#긴 호흡으로 목표를 바라보고 정진하기

10년 뒤를 보는 안목

빠르게 부자가 되려는 마음이 모든 것을 망친다. 많은 사람들은 빠르게 부자가 되려는 마음으로 확률이 낮은 것에 많은 것을 걸고 실패한다. 모든 성취는 충분한 시간이 필요한데 급하게 서두르니 실패로 이어지는 것이다. 실패는 마음을 조급하게 만들어 또 다른 실패를 부른다. 대부분의 실패 사례는 이러한 조급한 마음들의 연속으로 만들어진다.

반대로 생각해보자. 성공에 충분한 시간이 필요하지 않았다면, 그래서 성공에 걸리는 시간이 짧았다면 아주 많은 사람이 성공했을 것이다. 많은 사람들이 성공할 수 있다면, 성공에 대한 경쟁이 치열하다는 것이며 나누어 가지는 보상이 작다는 것이다. 그렇다면 그것은 이미 성공이라고 부를 수 없다. 결국 아무도 성공할 수 없다는 말이다.

10년 뒤 성공을 부르는 작은 습관들

대부분의 사람들이 성공 시기를 짧게 보기 때문에, 장기적인 안목을 가진 사람은 그 마인드만으로도 이미 차이를 만들고 있다고 할 수 있다. 인간은 본능적으로 단기적이고 충동적이다. 오랜 시간을 계획해서 무엇인가를 꾸준히 하는 사람은 소수이다. 그래서 충분한 시간이 필요한 일들은 대부분 경쟁이 없다. 많은 사람들이 금세 포기하기 때문이다. 자본주의는 차이를 만들어내는 것이 핵심이기 때문에 시간을 충분히 들여서 만든 시스템은 대부분의 경쟁을 피할 수 있다.

누군가 피카소에게 그림을 그려 달라고 부탁했다. 피카소는 30분 만에 그림을 완성하고 8,000만 원을 요구했다. 너무 날로 먹는 것 아니냐는 항의에 피카소는 이렇게 말했다.

"30분 만에 그림을 완성하기 위해 나는 40년간 그림만 그렸습니다.”

링컨은 이렇게 말했다.

“만일 내게 나무를 베기 위해 1시간만 주어진다면, 우선 도끼를 가는 데 45분을 쓸 것이다.”

왜 이런 이야기가 오랫동안 교훈을 주는가? 대부분이 이미 알고 있다고 생각하지만 하지 못하기 때문이다.

세계 최고의 부자 중 하나인 워런 버핏을 보면 장기적으로 보는 것이 얼마나 중요한지를 알 수 있다. 그가 최고 부자가 된 비결은 올바른 자세로 주식시장에 오랫동안 머물렀기 때문이다. 그가 90세 넘는 고령이 아니라 일찍 죽었다면 세계 최고의 부자 대열에 끼지 못했을 것이다. 그는 60년 넘게 한 직장을 다녔다. 주식시장에서 60년 이상을 계속 할 수 있는 최적의 루틴을 만들어 매일 반복했다.

직장 생활을 하든, 사업을 하든, 주식 투자를 하든, 부동산 투자를 하든, 블로그를 쓰든, 브랜딩을 하든 마찬가지다. 무엇을 하든 장기적인 안목이 필수이다. 지금 하고 있는 일이 10년 뒤에 영향을 미친다는 것을 알아야 한다. 스티브 잡스는 이렇게 말했다. “Connecting the dots.” 스티브 잡스는 살아보니 모든 순간들이 그의 미래를 만들었다는 것을 알게 되었다. 지금의 순간들이 연결되어 만들 미래를 상상하는 사람은 순간에 더욱 집중할 수 있고 결국 더 좋은 미래를 만들 수 있다.

그래서 우리는 직장을 다닐 때 퇴사 이후의 삶을 미리 준비해야 한다. 나를 위한 시스템을 미리 만들어놓고 꿈을 이룰 재료를 준비해두고 세상으로 나와야 한다. 말했듯이 모든 성공은 충분한 시간이 필요하기 때문이다. 이런 사실을 인지하지 못하고 아무런 준비도 없이 회사에서 나와서 무언가를 바로 시작하게 되면 당연히 실패하고 만다. 모든 것은 경쟁인데 몇 달을 준비한 사람이 어떻게 10년을 준비한 사람을 이길 수 있을까.

명심해야 한다. 장기적으로 보는 사람은 그 자세만으로도 이미 차이를 만들고 있다는 것을. 당신이 원하는 10년 뒤의 계획을 미리 세우고 그것을 위해서 움직이길 바란다. 그런 자세가 당신의 성공 가능성을 훨씬 높여줄 것이다.

박새로이의 15년짜리 계획

나는 드라마를 잘 보지 않는다. 현실적이지도 않고 특별한 교훈을 전달하지도 않기 때문이다. 그런데 <이태원 클라스>라는 드라마는 웬만한 책보다도 더 큰 교훈을 주었다.

드라마의 줄거리는 이렇다. 박새로이는 '장가'에 근무하는 아버지를 따라 새로운 동네로 전학을 간다. 학교에서 '장가' 회장의 아들 장근원이 친구를 괴롭히는 모습을 보고 말리다가 장근원과 싸우게 된다. 이 일로 박새로이는 학교에서, 아버지는 회사에서 쫓겨났다. 둘은 치킨집을 차리지만 장근원이 오토바이 뺑소니 사고로 박새로이의 아버지를 죽게 만든다. 장근원의 아버지가 돈으로 가짜 범인을 사서 장근원이 풀려나자 이에 분노한 박새로이가 주먹을 휘두르다가 감옥에 들어가게 된다.

박새로이는 감옥에서 '장가'에게 복수하기 위한 15년의 계획을 세운다. 15년은 아버지의 뺑소니 사고에 대한 공소시효 만료 기간이기 때문이다. 보통사람이라면 감옥에서 또 다른 범죄를 꿈꾸었을 것이다. 출소하자마자 장근원을 찾아가서 범죄를 저질렀을 수도 있다. 하지만 대기업 회장의 아들을 향한 범죄는 성공하기도 힘들고, 설령 성공한다고 해도 진정한 복수라고 하기 힘들다. 죄를 지은 자와 같은 죄를 짓는 것이기에 자신도 망가지는 길이다. 그는 15년 안에 복수하겠다는 매우 현실적이고 합리적인 계획을 세웠다. 짧은 기간 안에 무엇인가를 이룬다는 것처럼 허망한 것이 없다. 하지만 기간이 길어지면 많은 것이 가능해진다.

박새로이는 15년을 다음과 같이 살았다. 그는 아버지의 퇴직금과 사망보상금으로 주가가 떨어진 '장가'의 주식을 샀다. 미래에 장가 회장의 경영권을 위협할 수 있는 포석이었다. 감옥에서는 '장가' 회장의 자서전을 읽으며 요식업 공부에 매진했다. 주식과 사업을 통해 '장가'의 경쟁자로 성장해서 '장가'를 위협할 생각이었다. 출소 후에는 포차를 차리기 위한 자본금을 만들기 위해 7년 동안 원양어

선을 탔다. 7년 후 박새로이는 이태원에서 포장마차를 시작하고 능력 있는 사람들을 모아가며 포장마차를 크게 성공시킨다. 이후 포장마차를 프랜차이즈화하면서 회사를 '장가'에 위협이 될 정도로 키운다. '장가'에 투자한 주식은 장가에 영향을 미칠 수 있는 위치를 만들었고, 장근원의 뺑소니가 알려지는 악재가 발생한 시기에 장가를 자신의 회사에 합병하면서 복수를 마무리한다.

물론 이것은 드라마일 뿐이다. 현실성이 없다. 하지만 박새로이의 모든 도전들이 나에게는 충분히 현실에서 일어날 만한 일로 보였다. 특히, 15년이라는 시간은 박새로이의 성취를 설명하기에 충분했다. 드라마를 보는 내내 박새로이가 자본주의를 철저하게 이해한 인간이라고 생각했다. 그는 자본주의식 복수를 꿈꾸고 자본주의식 복수에 성공했다. 원하는 꿈을 현실로 만든 것이다.

어떤 사람은 자신의 꿈은 내일 당장 이루어질 것이라고 생각하고 계획을 세운다. 하지만 내일 당장 이루어지는 꿈은 없다는 것을 명심해야 한다. 무슨 일이든 단기간에 이루어지는 것은 없다. 가장 빠르게 부자가 되는 방법은 로또를 하거나 카지노에 가는 것이지만 성공 확률은 극히 낮고, 리스크는 매우 높다. 주식 투자에 3배, 10배 등의 레버리지를 거는 것도 그렇다. 부동산 사기를 당하는 이유도 같다고 볼 수 있다. 하지만, 충분한 시간을 두고 철저하게 계획을 세우며 포기하지 않고 노력하면, 그 목표를 달성하는 것은 크게 어렵지 않다.

성공한 부자들은 오랜 기간 준비하고 노력했다. 시간은 우리에게 가장 중요한 자산이다. 부자들은 모두 시간이라는 자산을 자신의 편에 서게 만들었다. 지금도 누군가는 시간을 자기편으로 만들고 있고, 누군가는 시간을 그냥 흘려보낸다. 시간이 흐르면 그 둘의 처지는 확연하게 차이가 날 것이다. 원하는 목표를 설정하고, 그 목표를 이루기 위한 세부 계획을 해마다 세우고, 매일매일 실행하고, 체크해야 한다. 짧은 호흡으로 목표를 바라보는 것이 아니라 긴 호흡으로 목표를 바라보고 정진해야 한다. 그것이 성공할 수 있는 가장 확실한 방법이다.

지금도 누군가는 시간을 자기편으로 만들고 있고,
누군가는 시간을 그냥 흘려보낸다.

황금알을 낳는 거위

《이솝 우화》에 하루에 한 개씩 황금알을 낳는 거위를 가진 농부 이야기가 있다. 매일 황금알을 낳는 거위를 보고 탐욕스러운 농부는 조급해졌다. 거위의 몸 안에 있을 황금에 욕심이 생긴 농부는 결국 거위의 배를 갈라버린다. 죽은 거위는 더 이상 황금알을 낳을 수 없었다.

당신에게는 황금알을 낳는 거위가 있는가? 있다면 당신의 탐욕과 어리석음 때문에 소중한 것을 파괴하거나 망치게 해서는 안 된다. 지금은 100세 시대이다. 장기적으로 그 거위를 소중하게 돌보면서 그 가치를 평생 누릴 수 있도록 해야 한다.

10년 전, 내가 아는 어떤 분은 교사 생활을 30년 이상하고 은퇴했다. 당시는 연금을 일시불로 받거나 매달 연금 형태로 받을 수 있었다. 일시금은 2억 정도였고 연금을 10년 정도 받으면 2억 상당이었다. 연금은 죽을 때까지 나오는 것이라 10년 이상을 살아갈 대부분의 사람들은 연금을 선택했다. 하지만, 그분은 사업에 대한 강한 열망이 있었기에 일시금으로 2억을 받았고 1년 만에 모두 날리고 만다. 오랜 교사 생활로 사업 수완이 부족해 사기도 당했다.

또 다른 지인은 2018년 실거주하던 강남 아파트를 처분했다. 8억을 주고 산 아파트가 13억을 넘었으니 상당한 시세 차익을 남겼다. 거주 형태를 전세로 바꾸고, 수익으로 만든 자금은 해외여행이나 차량 구입 등에 사용했다. 현재 지인이 처분한 아파트는 25억이 넘지만, 그는 전세금을 구할 수 없어서 평생을 산 동네를 떠날 수밖에 없게 되었다.

코인 투자를 통해 단기간에 15억의 수익을 올린 지인도 있다. 그는 회사일이 시시해졌고 투자에만 집중하면 더 많은 돈을 벌 수 있을 거라 생각하게 되었다. 아내가 반대할 것이 뻔해서 아무런 상의도 하지 않고 퇴사한 뒤 매일 코인과 주식 투자에 집중했다. 하지만, 운이 다했는지 수억 원을 잃었고, 만회하기 위한 욕심으로 더 위험한 자산에 투자하다가 결국 살던 집을 포함한 모든 것을 잃었다.

마크 저크버그가 페이스북을 시작한 초기에 한참 동안 자금 조달에 문제가 있었고, 경영진에서는 광고 등을 통한 빠른 수익화를 요구했다. 하지만 마크 저크버그는 "플랫폼을 키우기 위해서는 빠른 수익화를 해서는 안 된다. 지금은 미국 전역과 세계로 가입자를 증가시켜야 하는 단계이다."라고 말했다. 그의 신중한 판단 덕분에 페이스북은 수많은 가입자를 만들어 결국 세계 최고의 회사 중 하나가 되었다. 조금 지연시킨 수익화는 결국 매우 큰 수익으로 돌아왔다.

인간은 본능적으로 쉽게 탐욕과 공포를 느낀다. 작은 수익을 맛보면 더 큰 수익을 실현하고 싶어 하고, 공포가 느껴지면 빠르게 벗어나고자 한다. 이런 단기적인 시야로 접근하기 때문에 항상 실수한다. 이렇게 대부분의 사람들이 단기적으로 접근할 때 장기적인 시각으로 세상을 바라보는 것 자체가 큰 경쟁력이 된다.

황금알을 낳는 거위의 배를 쉽게 가르는 경우가 많다. 좋은 자산을 가지고 있는 경우에는 절대 팔아서는 안 된다. 특히, 외부 요인에 의해 자산 가격이 떨어진 경우가 그렇다. 그때는 자산을 팔아야 할 때가 아니라 더 모아야 할 때인데, 보통사람들은 반대로 행동한다. 앞으로의 사회는 부의 양극화가 더욱 심해질 것이고 노동으로 벌 수 있는 수익은 더 줄어들 것이다. 황금알을 낳는 거위 자체가 희귀해질 것이니 손에 쥔 거위를 절대 놓치면 안 될 것이다.

#나의 이익과 타인의 이익
#부자의 본질 = 타인이 잘되게 돕는 것

타인에 대한 마음

자본주의의 핵심을 관통하는 한마디는 무엇일까? 애덤 스미스가 《국부론》에서 한 말을 들어보자.

> 우리가 저녁 식사를 할 수 있는 것은 푸줏간 주인이나 양조장 주인, 빵집 주인의 자비심 덕분이 아니다. 그들의 자기 이익을 챙기려는 이기심 때문이다.

애덤 스미스는 인간 본성에 기초한 이기심을 추구하는 과정에서

'보이지 않는 손'이 작동하고 세상은 돌아간다고 했다. 이후에 애덤 스미스의 이론은 여러 번 수정되었고 사회주의에 도전도 받았지만, 21세기에도 여전히 자본주의는 푸줏간 주인, 양조장 주인, 빵집 주인의 이기심에 기초해서 작동하고 있다. 우리는 애덤 스미스의 이론을 이해하고 실생활에 적용해야 한다. 내가 이익을 올릴 수 있는 것은 타인의 이기심 때문이라는 것을 이해해야 한다.

자본주의의 핵심은 인간의 이기심

내가 회사에서 돈을 받는 것은 나의 노동력을 이용하려는 회사의 이기심 때문이다. 내 노동력의 가치가 떨어지거나 더 싼 노동력이 공급되면 회사는 더 이상 나의 노동력을 필요로 하지 않게 된다. 실제로, 내 노동력의 가치는 매년 떨어지고 있다고 느낀다. 이 사실을 인지하지 못하고 인간관계나 사내 정치에만 의존한다면 언젠가는 배신당할 것이다.

내가 사회에서 돈을 벌고자 한다면, 누군가의 이기심을 자극해야 한다. 내가 세공하는 가치가 누군가의 이익을 높여주는 것이라면, 나는 돈을 벌 수 있을 것이다. 철저히 자본주의 논리로 생각한다면, 세상을 비난하고 원망하고 가진 자를 부러워할 것이 아니라 내가 세상의 이기심에 어떤 가치를 줄 수 있는지 생각하는 시간을 가질 수 있을 것이다.

이를 이해한다면, 모든 이익은 타인의 이기심에 기초한다는 것을 알 수 있다. 부동산 갭 투자나 명품의 리셀 등이 모두 가치 있다는 것을 이해하게 될 것이다. 이를 이해한다면 NFT로 수익을 올리거나, 샤넬 매장 앞에서 줄 서기를 대행하거나, 각종 심부름을 해도 돈을 벌 수 있다는 것을 이해하게 될 것이다. 모두 타인의 이기심에 기초하기 때문이다.

고기가 필요한 사람들에게서 이익을 얻는 푸줏간 주인이 있다면, 나는 푸줏간 주인에게 이익이 되는 무엇을 팔 수 있을까, 그가 사는 것에 투자할 수 있을까를 고민해야 한다. 푸줏간 주인도 양말이나 신발이 필요할 것이고, 마음의 양식을 쌓을 책이 필요할 것이며, 아이를 학원에 보내야 할 것이고, 자동차가 필요하며, 코카콜라나 스타벅스를 매일 마실 수도 있기 때문이다. 우리 모두는, 언제나 무엇인가를 필요로 하기 때문이다.

중국 춘추시대 학자 한비자는 다음과 같이 말했다.

> 수레를 만드는 사람은 모든 사람들이 부자가 되길 바라지만 관을 만드는 사람은 사람들이 빨리 죽기를 원한다. 그렇다고 전자가 좋은 사람이고 후자가 나쁜 사람이라고 단정 지을 수 없다. 가난한 사람에게 수레를 팔 수 없는 것처럼 살아있는 사람에게 관을 팔 수 없을 뿐

> 이다.
>
> 사람을 증오해서 죽기를 바라는 것이 아니라 죽어야만 관을 팔 수 있고 그만큼 이익을 얻을 수 있기 때문이다.

타인의 이기심에 기초해서 이익을 얻을 수 있다는 이야기다. 애덤 스미스가 한 말과 같은 맥락이다.

데일 카네기의 《인간관계론》에 이런 내용이 있다. 앤드류 카네기(철강왕)의 형수는 객지 생활을 하는 두 아들에게 편지를 써도 답장을 받지 못해 상심해 있었다. 그러자 카네기는 자신이 답장을 보내달라는 요구 없이 답장을 받을 수 있다며 조카들에게 별 내용 없는 안부 편지를 썼다. 추신에 조카 두 명에게 각각 5달러를 보낸다는 내용도 적었다(그 당시 5달러는 매우 큰 금액). 하지만 정작 돈을 부치지는 않았다. 그럼에도 답장은 속달우편으로 빠르게 도착했다. 왜 돈은 보내지 않았냐는 조카들의 항의 편지였을 것이다.

인간은 대부분 자신의 이익을 위해 움직인다. 부자가 되려면 타인의 이익을 충족시키면서 나의 이익을 충족시키는 방법을 알아야 한다. 부자들은 그런 사고방식이 익숙한 사람들이고, 그런 사고방식에 익숙해져야 우리도 부자가 될 수 있다.

부자가 가져야 할 마음

가장 이해가 안 되는 것 중에 하나는, 타인이 잘 안되기를 바라면서 자신은 부자가 되기를 바라는 마음이다. 투자나 사업의 본질은 타인이 잘되는 것에 있다. 부자의 본질도 타인이 잘되게 돕는 것에 있다. 다른 사람이 잘되기를 바라는 마음이 모든 것의 기본이다. 타인이 잘 안되기를 바라는 마음은 타인이 가진 가치를 빼앗으려는 것이고, 그렇게 빼앗은 가치는 나의 부를 줄인다. 타인이 안되기를 바라는 마음은 결국 사람도 돈도 떠나가게 만든다.

예를 들어보자. 모든 기업은 사회에 가치를 더한다. 기업은 고객이 잘되기를 바라야 한다. 고객이 불편해하는 것이 무엇인지 찾아내어 개선하고 해결책을 제시해야 한다. 고객의 만족이 결국 돈이 되기 때문이다. 애플이 시가총액 1위인 것은 지구인에게 큰 만족을 주었기 때문이다.

작은 가게도 마찬가지다. 고객은 원하는 것을 얻어야 하고 이를 통해 행복해져야 한다. 고객이 만족하면 스스로 입소문을 내고, 고객이 고객을 불러오는 선순환이 일어난다. 컨설팅이나 강의도 타인이 잘되기를 바라는 마음으로 지식과 노하우를 전달하는 것이다. 안되기를 바라는 마음을 전달하는 컨설팅이나 강의가 있던가?

반대로 그런 생산적인 활동은 전혀 하지 않고 방구석에 앉아서 타인이 잘되는 것을 질투하고 저주하면서 인터넷 기사에 악플을 다는 사람들이 있다. 그것은 다른 사람을 해치는 행위이자 사회의 효율성을 저해하고 사회의 발전에 반하는 행위이다. 그런 행위들을 반복하다보면 조금씩 가난해진다. 타인의 가치를 떨어뜨리는 행동은 결국 나의 가치를 떨어뜨리기 때문이다.

혹시 그런 마음이 자라고 있다면, 현실이 너무 힘들어서 타인을 질투하고 세상을 저주하고 있다면, 이제는 마음을 바꾸어먹자. 매일 조금이라도 세상에 가치를 더하는 사람이 되자. 부자 마인드가 특별한 것이 아니다. 남이 잘되기를 바라는 마음이 바로 부자 마인드다.

부자들은 "내가 무엇을 도와줄까?"라는 질문을 많이 던진다. 반면 가난한 사람들은 "나 좀 도와줄래?"라는 말을 많이 던진다. 부자들은 먼저 도와주고 그 이상을 받는 전략적인 사고를 하지만 가난한 사람들은 언제나 도움을 받기만을 바란다. 누가 사람을 더 많이 끌어당기고, 가치를 전달할 수 있을지는 너무도 명확하다.

부의 창출원은 제품이 아니라 장애물이다. 친구들이 겪는 문제를 해결하면 유명해지고, 몇백만 명의 문제를 해결하면 부자가 되며, 10억 명의 장애물을 없애면 세계를 바꾼다.

장애물은 주변 곳곳에 있다. 문제가 있음에 감사해야 한다. 왜냐하면

> 그것이 바로 당신을 구원해줄 것이기 때문이다. 문제가 거창할 필요는 없다. 그저 해결책을 사기 위해 사람들이 돈을 낼 만큼 일상이 불편할 정도면 충분하다.
>
> -제이 새밋, 《1년 안에 부자 되는 법》 중에서

문제를 해결하는 것이 돈을 버는 것이다. '문제 해결=돈'이라고 생각하라. 제이 새밋은 오히려 세상에 문제가 있음을 감사하라고까지 말한다. 내가 돈을 벌고 싶다면 타인의 문제를 어떻게 해결할 것인가를 생각해야 한다. 부의 창출원은 근본적으로 문제를 해결하는 것이고, 많은 사람들의 문제를 해결할수록 더 큰 부를 창출할 수 있다.

세상에서 제일 가치가 큰 기업인 애플은 가장 많은 사람들의 문제를 해결해주고 있다고 생각하면 된다. 시가총액이 높은 다른 기업들도 마찬가지다. 부동산 투자자들이 돈을 버는 것은 집 없는 사람들의 불편함을 해결해주고 있기 때문이다. 돈을 벌고 싶다면 다른 사람의 문제를 해결해주면 된다.

당신의 생각도 가치가 있다

믿기 어렵겠지만, 모든 생각에는 가치가 있다. 나의 생각과 경험을 정리한 이 글을 당신이 비용을 지불하고 읽고 있는 것이 그 이유다. 만약 비용을 지불한 것이 아니라면 또 다른 자산인 당신의 시간을 사용하고 있을 것이다. 일단, 이것을 진지하게 인식하는 것부터 시작해야 한다.

애 딸린 가난한 이혼녀는 흥미로운 상상을 풀어내어 전 세계에서 가장 많이 팔린 소설을 집필했다. 《해리 포터》의 저자 J.K.롤링이다. 남아프리카공화국에서 아버지에게 학대당하고 친구들에게 왕따를 당하던 소년은 미국으로 건너가 여러 가지 사업을 펼친 끝에 세계 최고의 부자가 되었다. 테슬라, 스페이스X 등을 운영하고 있는 일론 머스크이다. 그들의 모든 성취는 상상과 생각, 아이디어에서 비롯되었다.

가끔은 생각이 물리적인 것보다도 더 큰 가치를 발휘한다. 역사를 통해 우리는 그런 예를 너무나 많이 보아왔다. 앞으로 인간의 노동이 인공지능과 로봇으로 대체되면, 인간은 무엇을 하며 살게 될까? 인간의 생각이 더 가치 있는 시대가 될 것이다. 생각하는 자가 생각하지 않는 자들보다 우위에 서게 될 것이다. 헤르만 헤세의 《싯다르타》에는 구도자인 싯다르타와 부유한 상인의 대화가 나온다.

상인: 가진 게 아무것도 없다면, 어떻게 줄 수 있다는 말이오?

싯다르타: 모든 사람이 가진 것을 내놓습니다. 병사는 힘을, 상인은 물건을, 교사는 가르침을, 농부는 쌀을, 어부는 물고기를.

상인: 그건 잘 알겠소. 그럼 당신은 뭘 줄 수 있다는 거요? 가진 게 아무것도 없잖소?

싯다르타: 저는 생각하고, 기다리고, 금식할 수 있습니다. 그게 제가 가진 것들입니다.

상인: 그게 다요?

싯다르타: 그렇습니다.

상인: 그것들이 뭔 쓸모가 있다는 거요? 금식 따위가 무슨 가치가 있다는 거요?

싯다르타: 참으로 큰 가치가 있습니다. 만일 어떤 사람에게 먹을 것이 아무것도 없다면, 금식은 그가 할 수 있는 가장 현명한 방법입니다. 예를 들어, 제가 금식을 몰랐다면 오늘날 먹고 살 일을 구하느라 전전긍긍하고 있었을 겁니다. 당신과 함께든 혹은 다른 곳에서든. 왜냐하면 배고픔이 나를 부채질했을 것이기 때문이죠. 하지만 지금처럼 조용히 기다릴 수 있습니다. 나는 조급하지도 절망하지도 않으며, 오랜 시간 배고픔을 멀리하고, 그것을 비웃을 수도 있습니다.

당신이 가진 모든 것이 가치 있다는 것을 깨닫길 바란다. 남이 잘되기를 바라는 마음으로 남이 필요한 어떤 것을 내어놓을 수 있는 사람이 되어야 자본주의에서 생존할 수 있다. 중요한 것은, 혼자 하는 생각은 가치가 없으므로 반드시 세상과 연결되어야 한다는 것이다. 나의 생각을 주변에 전파하는 사람이 되어야 한다. 현대 사회에서 나의 생각을 전파할 수 있는 도구는 너무나 많다. 나에게 도움이 되었던 생각은 타인에게도 도움이 될 수밖에 없다. 이렇게 다수에게 전파된 생각은 더욱 가치를 얻게 될 것이고, 어느 순간 매우 큰 가치로 변해 있을 것이다.

#경쟁력 #차별화 전략 #최고의 자리
#남보다 잘하거나 남과 다르게 하거나

차이

자본주의 역사는 차이를 만들어내기 위한 투쟁의 역사라고 할 수 있다. 자본주의에서 부를 만드는 모든 것은 남과 다른 차이를 만들어내는 것에 기초한다. 자본주의에서 차이가 없는 것은 가치가 없다. 차이가 없다는 것은 경쟁력을 포기하겠다는 말과 같다.

기업의 경쟁력도 차이에 기초한다. 기업의 운영에서 가장 중요한 것은 경쟁 우위를 갖는 것이다. 이는 다른 기업과 비교해서 우월한 차이를 가진다는 것을 말한다. 기업이 일류 인재를 기용하고, 신제품을 출시하고, 특허를 내고, 광고를 하는 등의 모든 활동은 결국 다른 기업과 차이를 만들어내기 위한 것이라고 할 수 있다.

하지만 인간은 본능적으로 다수를 따라한다. 인류가 약 1만 년 전부터 농사를 짓기 시작하였으니, 인간의 본능은 사냥하고 채집하던 원시 생활에서 비롯되었다고 할 수 있다. 원시 시대에 다수의 행동을 따르는 것은 생존에 유리했다. 선두의 동료가 뛰기 시작하면 전체가 그와 함께 뛰는 것이 현명한 방법이었다. 만약, 누군가가 상황을 판단하기 위해 뛰지 않고 멈춰 서 있었다면 맹수에 의해 희생될 가능성이 높았을 것이다.

하지만 명심해야 한다. 오늘날의 사회는 원시 시대와 같지 않다. 더 이상 인간은 대자연 속에서 맹수들의 위협을 받는 생활을 하지 않는다. 그럼에도 인간의 본능은 여전히 우리에게 다수를 따라하도록 명령한다. 생각하지 않는 다수는 인간의 본능에 따라서 무리와 함께 행동한다.

현대 사회에서 남과 같은 사고와 행동을 하면 어떤 차이도 만들어낼 수 없고, 이는 곧 어떤 가치도 만들어낼 수 없다는 것을 의미한다. 남과 다르게 하고자 하는 마인드를 가지는 것 자체가 이미 차이를 만들어내는 시작이라고 볼 수 있다. 자본주의에서 자리 잡기 위해서는 꼭 차이를 만들어내야 한다는 것을 잊지 말아야 한다.

남과 다른 차이를 만들어내는 방식에는 두 가지가 있다. 남보다 더 잘하거나 남과 다르게 하는 것이다. 지금부터 그것들에 대한 이야기를 시작하겠다.

최고의 자리는 붐비지 않는다

'최고의 자리는 붐비지 않는다.'

이 문장을 마음에 품고 살아가길 바란다. 《타이탄의 도구들》의 저자 팀 페리스는 가장 경쟁이 없는 자리는 최고들의 자리라고 했다. 대부분은 평균에 머물러 있기 때문이다.

대부분의 사람들은 평균치 근처에서 경쟁한다. 그래서 가장 높은 자리와 낮은 자리는 경쟁이 덜하다. 당연히 우리는 가장 낮은 자리로 갈 이유가 없다. 우리는 최고의 자리에서 타인과의 경쟁을 피해야 한다. 최고의 자리로 가려면 많은 것이 필요하다. 남과 다른 지능, 재력, 재능, 인맥, 운 등. 당신은 어떤 것을 가지고 있는가? 최고의 자리로 가려면 어떤 것이 필요할까?

최고의 자리로 갈 수 있는, 누구나 할 수 있는 방법이 있다. 바로 꾸준함에서 최고가 되는 것이다. 그것은 인간이라면 누구나 할 수 있다. 내가 남들보다 조건이 좋지 않다면, 꾸준함에서 상위 1%가 되도록 노력해야 한다. 출발선에 선 100명 중 99명이 탈락하고 단 1명이 남아 있다면, 그 1명이 내가 되도록 하자. 그것이 평범한 사람이 성공할 수 있는 가장 확실한 방법이다.

예를 들어보자. 미국 우량 주식이나 지수에 투자해서 10년 동안 매도하지 않는 사람이 얼마나 될까? 1% 정도일 것이다. 당신이 그것만 해낸다고 해도 투자에서 상위 1%가 될 수 있다. 2000년 이후로 이와 같은 전략을 사용한 사람은 대부분 몇 배의 수익을 거두었다.

양서를 매일 1시간씩 10년 동안 읽는 사람이 얼마나 될까? 1%가 안 될 것이다. 그것만 해낸다고 해도 지식인으로 상위 1%가 될 수 있다. 많은 지식으로 무장한 사람은 결국 글을 쓰게 되어 있다. 글을 쓰는 사람은 작가가 되고, 작가가 되면 또 다른 인생을 시작할 수 있다. 글을 쓰는 사람이 되지 않더라도 지식으로 무장한 이는 인생을 성공으로 이끌 확률이 높다.

자기 본업에서 더 잘할 수 있는 방법을 매일 30분씩 10년 동안 기록하는 사람이라면? 블로그 등의 SNS를 매일 30분씩 10년 동안 브랜딩을 하는 사람이라면? 10년 동안 사업을 하면서 매일 충성 고객을 1명씩 만들어가는 사람이라면? 10년 동안 매일 새벽에 일어나서 무언가를 하는 사람이라면? 모두 그 분야에서 상위 1%가 될 수 있을 것이다.

시간은 아무도 빼앗아갈 수 없는 경쟁력이다. 지나간 시간은 돈도 권력으로도 되돌릴 수 없기 때문이다. 꾸준함은 그 시간들을 차곡차곡 모으는 방법이다. 꾸준함 하나라도 상위 1%가 되자. 거기서 시작하면 원하는 다른 것들도 얻을 수 있을 것이다.

당장 생각해보라. 종이와 펜을 꺼내보자. 앞으로 10년 동안 당신은 무엇을 하겠는가? 10년 뒤에 당신은 어떤 위치에 있고 싶은가?

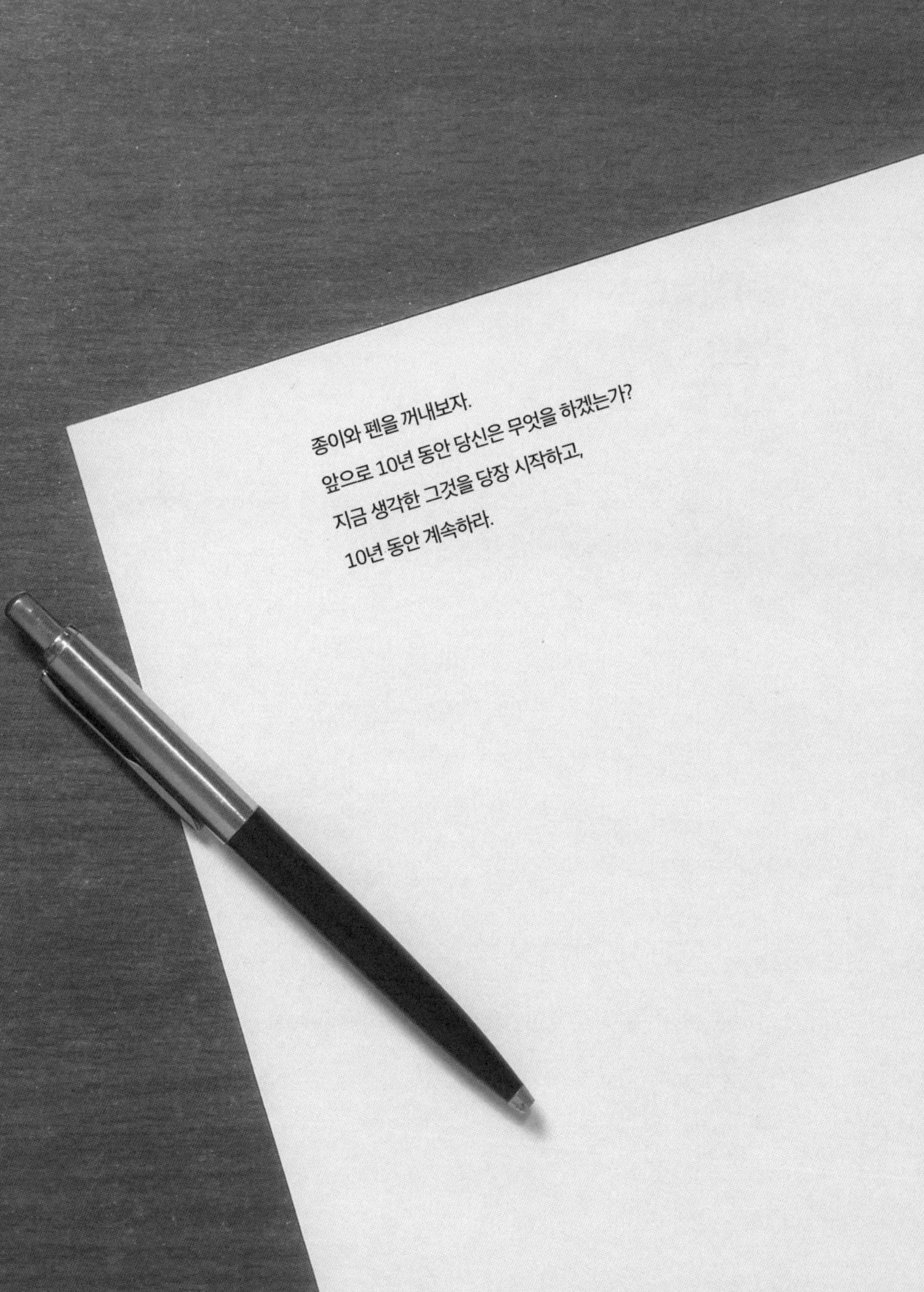
종이와 펜을 꺼내보자.
앞으로 10년 동안 당신은 무엇을 하겠는가?
지금 생각한 그것을 당장 시작하고,
10년 동안 계속하라.

지금 생각한 그것을 당장 시작하고, 10년 동안 계속하라. 10년 뒤에는 최고의 자리에 있을 것이고, 그 이후에는 남과 경쟁할 필요가 없는 위치에 올라가 있을 것이다.

남과 다름으로 차별화

최고가 되는 또 다른 방법은 남과 다름으로 차별화하는 것이다. 스스로 누구보다 평범한 사람이라는 무라카미 하루키가 전 세계적인 베스트셀러 작가가 된 데에는 그만의 독창성이 있다. 남과 다름을 찾아간 그의 방법에서 힌트를 얻자.

그는 자신의 첫 소설《바람의 노래를 들어라》가 만족스럽지 않았다고 한다. 스토리는 진부하고 특별한 뭔가가 없었다. 주로 미국과 러시아 문학을 읽으면서 자라서 일본 문학을 잘 몰랐던 상태에서 일본어 문체로 책을 썼으니 특별함도 없고 경쟁력도 없었다. 그는 남들과 다르게 글을 써야겠다고 결심하고 자신만의 방법을 개발했다. 소설을 영어로 쓰고 그 내용을 일본어로 다시 번역했다. 이런 방식을 통해 간결하고, 평이하면서 무미건조하게 느껴지는 문장들이 탄생되었다. 이를 하루키의 '번역투 문장'이라고 부른다. 그 문장들은 하루키만의 개성이 되었고, 그 이후 하루키의 책들은 성공을 이어갔다.

일본어 능력이 떨어지는 그가 다른 일본어 작가들과 같은 문체를 쓰면서 그들을 뛰어넘으려고 했다면 그가 세계 최고의 작가가 될 수 있었을까? 이후 무라카미 하루키는 이렇게 말했다.

> "내가 그때 발견한 것은 설령 언어나 표현의 수가 한정적이어도 그걸 효과적으로 조합해내면, 그 콤비네이션을 어떻게 풀어나가느냐에 따라 감정 표현, 의사 표현이 제법 멋지게 나온다는 것이었습니다. 예를 들어, 괜히 어려운 말을 늘어놓지 않아도 되고, 사람들이 감탄할 만한 아름다운 표현을 굳이 쓰지 않아도 된다는 것입니다."

소설의 세계에서 독창성은 매우 중요하다. 하루에도 수십만 권의 책들이 쏟아지기 때문이다. 소설가뿐만 아니라 다른 직업도 마찬가지다. 이 글을 읽는 당신의 인생에서도 독창성은 매우 중요하다. 그것이 자신을 세상에 각인시킬 수 있는 가장 좋은 방법이기 때문이다.

치열한 경쟁 사회에서 살고 있는 우리에게 남과 다르다는 것은 너무나 중요하다. 자본주의에 존재하는 대부분의 기업과 개인은 스스로를 차별화하기 위해서 매일 노력하고 있다. 차이가 돈을 불러오고, 결국 부를 만든다.

소비에서 차이를 만드는 사람들

남보다 더 잘하거나 남과 다른 방식으로 차이를 만든다. 잘못 이해하면 잘못된 방식으로라도 차이를 만드는 사람도 있을 수 있다. 세상에는 소비를 통해 차이를 만드는 사람들이 많기 때문이다. 그렇게 오해하지 않도록 좀 더 덧붙이고자 한다.

차이를 만드는 방식에는 두 가지가 있다. 자신의 본질을 차별화하는 것과 자신의 껍데기를 차별화하는 것이다. 자신의 껍데기를 차별화하는 대표적인 방식은 소비이다. 남들은 쉽게 살 수 없는 자동차나 의류, 가방을 구매하면서 차별화를 꾀한다. 이렇게 하면 시간이 지날수록 가난해지기 쉽다. 자신을 차별화하는 방식이 자신을 가난하게 만든다면 이는 건강하지 않은 방식이다.

경제학의 아버지이자 자본주의의 창시자라고 불리는 애덤 스미스의 이야기를 들어보자. 그는 부자가 되기 위해서 부자처럼 보이는 것에 집중하면, 정작 부자가 되지 못한다고 말했다.

> 많은 가난한 사람들은 자신이 남들로부터 부자로 생각되는 것을 영예로 생각한다. 그러면서도 그러한 평판에 주어진 모든 의무를 실행하다가는, 그는 곧 거지 신세로 전락하고 말 것이라는 것과 그 결과

그의 상태는 그가 경탄하고 모방하려는 사람들의 상태로부터 더욱 멀어지게 된다는 사실을 생각하지 않는다.

-애덤 스미스, 《도덕감정론》 중에서

그는 자본주의의 태동기인 350년 전에 이런 말을 남겼다. 오늘날은 그 정도가 더 심할 것이다. 너무도 많은 사람들이 자신의 껍데기를 치장하기 위해서 소비하고 있다. 부자가 되고 싶다면서 부자의 과정을 살피지 않고 부자의 결과물만 보고 있다. 부자가 자산을 쌓은 방식이나 마인드를 모방하지 않고 부자가 하고 있는 소비를 모방하는 것이다. 현대 자본주의 체제에서는 끊임없이 인터넷이나 SNS 등을 통해서 홍보와 비교에 노출되기 때문에 생각 없이 살다가는 매번 그런 선택들을 하게 된다. 정작 그런 소비를 통해 가난해지는 것은 외면하면서 말이다.

부자처럼 보이기 위한 노력을 하지 않는 시간을 어느 정도 보낸 다음에야 정말로 부자라고 할 수 있는 단계에 이를 수 있다. 내 안의 소비 욕망을 죽여야 비로소 진정한 천국에 다다를 수 있다. 그렇지 않으면 현실은 점점 나빠질 것이다. 그렇게 산다면 애덤 스미스의 말대로 어느 순간 거지로 전락하게 될지도 모른다.

3단계

자본주의 필수 습관

#작고 사소한 습관 #지치지 않고 꾸준히
#일상에서 승리하는 경험 #고난을 극복하는 힘

루틴

습관이라고 하면 대단한 것으로 착각하기 쉽다. 하지만 여기서 말하는 습관이란 아주 작은 것들이다. 작고 사소한 습관들이 매일 반복되어 하나의 루틴을 만든다. 아리스토텔레스는 "반복적으로 무엇을 하느냐가 우리를 결정한다. 그렇다면 탁월함은 행위가 아닌 습관이다."라고 말했다. 반복되는 습관, 즉 루틴이 탁월함을 만든다. 그런 생각을 하게 만들어준 작지만 위대한 루틴들에 대해 살펴보자.

루틴의 중요성

나의 이모부는 의사이다. 이모 부부는 신혼 때 나의 외가에서 살았다. 새벽에 외할머니가 일어나 보면, 이모부는 신혼방 구석에서 불을 켜고 책을 읽고 있었다고 한다. 이모부는 전날에 만취했더라도 변함없이 새벽 5시에 일어나 책 보는 것을 하루도 거르지 않았다. 이모부는 그렇게 다른 사람들보다 먼저 일어나 2시간 이상을 의학 공부에 매진했다.

그는 그 습관을 30년도 넘게 유지했다. 이 이야기는 내가 초등학생도 되기 전에 들었는데 지금도 새벽 5시에 일어난다고 한다. 이 습관은 대학 시절부터 시작됐다고 한다. 그는 지금 자기 분야에서 유명한 의사이자 대학교수이다. 그의 세 자녀도 아버지의 성실함을 이어받아 각자의 분야에서 자리잡았다.

그가 존경스러운 것은 단지 새벽 5시에 일어나서가 아니다. 그것보다는 그 습관을 30년 넘게 유지하고 있다는 사실이다. 어떤 노력을 한다면, 그 노력을 얼마나 오래 유지하느냐가 중요하다. 고작 며칠 동안 한 것은 루틴이 아니다. 그냥 한번 해본 것일 뿐이다.

"오늘 헬스장에 가서 3시간 동안 운동하고 왔어."라고 말하면 대단해 보일 수 있지만 그 노력이 단 하루짜리라면 아무 의미가 없다. 그런 일시적인 노력은 도움이 되지 않고 오히려 부작용이 남을 수 있다. 그런 노력보다는 "한 해 동안 매일 30분씩 운동했어."라는 노력이 훨씬 더 의미가 있다. "오늘 휴가를 내고 하루 종일 책을 읽었어."라고 말하는 사람이 대단해 보일 수 있지만 단 하루의 일과로 끝나고 일 년 내내 책을 보지 않는다면 아무 의미가 없다. 그런 노력보다는 "한 해 동안 매일 10분씩 책을 읽었어."라는 노력이 훨씬 값지다.

남들과 비교되지 않는 노력은 《이솝 우화》 속 <토끼와 거북이>에 나오는 토끼처럼 짧은 순간 빛나고 사라지는 것이 아니다. 거북이처럼 지치지 않고 꾸준히 계속 하는 것이다. 지금 하고 있는 것을 내일도 하고, 1년 뒤에도 하고, 10년 뒤에도 하는 것. 그리고 그것을 매일 아주 조금씩, 더 잘하는 것이다. 이런 노력들이 쌓이면 신뢰가 생기고 성과를 낸다. 노력으로 가장한 가짜들 사이에서 진짜 노력들이 빛나기 마련이다. 대부분의 성취들이 그런 루틴을 통해서 만들어진다. 지금 당장, 10년 이상 할 수 있는 루틴을 만들어보길 바란다.

루틴,
승리를 위한 습관

세계 최고 부자 중의 하나인 워런 버핏의 루틴을 살펴보자. 세계 최고의 부자들은 대부분 창업을 한 기업가 출신인 데 반해 워런 버핏은 투자자로 시작했다. 워런 버핏보다 오랫동안 승리한 투자자는 존재하지 않는다. 짧은 기간 동안 크게 성공한 사람들은 많지만 대부분은 큰 실패와 함께 시장에서 사라졌다.

나는 15년 전 미국 주식 투자를 처음 할 때부터 워런 버핏을 롤모델로 삼았다. 그와 관련된 모든 책과 영상을 보기도 했다. 워런 버핏에게는 수많은 장점이 있다. 기업을 분석하는 힘, 기업의 가치를 평가하는 능력, 기회를 포착하는 능력 등. 하지만 내가 그에게 가장 크게 배운 것은 주식 투자 능력이 아닌 루틴이었다. 그의 루틴이 그를 만들었다고 생각한다.

그는 1958년에 3만 달러로 구입한 집에서 60년 넘게 살고 있다. 세계 최고의 부자가 60년 전에 구입한 집에서 계속 살고 있다는 것은 쉽게 이해되지 않는다. 그의 일상은 매일 아침 6시 45분에 시작된다. 그가 제일 먼저 마시는 것은 물이나 커피가 아닌 콜라이다. 그가 한 가지 메뉴에 집중하는 이유는 의사 결정에 낭비하는 시간을 줄이기 위해서다.

그는 신문 몇 종을 읽으면서 아침을 시작한다. 그는 60년 넘게 집에서 5분 거리에 있는 사무실에 출근하면서 맥도날드에서 식사를 한다. 아침 식사는 주식 시황에 따라 다르나. 주식 시상이 좋지 않으면 저렴한 메뉴를 먹고, 주식 시장이 좋으면 비싼 메뉴를 먹는다. 계산은 반드시 현금으로 한다.

그의 출근 시간은 주식 시장이 열리는 아침 9시 30분이다. 출근 후에는 500페이지가 넘는 기업 관련 자료를 읽고 또 읽는다. 그는 자료를 읽는 동안 전화통화, 컴퓨터, 미팅 등 다른 일은 전혀 하지 않는다. 점심시간에도 맥도날드 햄버거를 먹는다. 이 또한 의사 결정에 낭비하는 시간을 줄이기 위해서다. 그는 퇴근 후에도 신문과 책을 읽는다. 종종 브리지 게임이나 우쿨렐레 연주를 통해 두뇌를 자극하기도 한다. 그는 10시 45분에 잠자리에 들어 8시간을 잔다.

세계 최고 부자의 루틴에 그렇게 특별한 것이 없다고 생각할지 모른다. 우리가 집중해야 할 것은 그가 그 루틴을 60년 동안 반복하고 있다는 것이다. 과거보다 비교할 수 없이 큰 부자가 되었어도 처음과 같은 루틴을 돌리고 있는 것이다. 그는 60년이 넘는 시간 동안 루틴을 통해 필요 없는 것에 의사 결정을 하는 시간을 줄이고 정말 중요한 것에 집중하는 삶을 살고 있다.

워런 버핏의 하루 루틴은 HBO의 <Becoming Warren Buffett>에서 소개하고 있다. 유튜브에서도 많은 자료를 찾을 수 있다. 좋은 투자자가 되고 싶은 사람들뿐만 아니라 성공하는 인생을 살고 싶은 사람들은 꼭 시청하길 바란다. 나는 영어 공부하는 셈치고 이 영상을 10번 이상 시청했고, 인생을 살아가는 데 큰 힘을 얻었다.

국가대표 농구선수였던 서장훈은 JTBC 방송 <말하는 대로>에 나와서 다음과 같이 말했다.

제 농구 인생이 그렇게 즐겁고, 기분 좋진 않았어요. 힘들어서. 제 결벽증이 그때 생긴 거예요. 마치 전쟁에 나가는 장수의 심정처럼 내 방을 깨끗하게 정리하고, 내 몸을 깨끗하게 씻고, 구도자의 자세로 경기를 신성시하면서 해왔던 일이 점점 커져서, 그 많은 징크스들이 '결벽'이라는 습관이 됐어요.
늘 같은 시간에 일어나고, 밥을 먹고, 화장실에 가고, 씻고, 같은 옷을 입고, 같은 신발을 신고. 가장 편한 마음과 자세로 경기에 나갔어요. 경기에서 지면 옷을 버렸어요. 다신 안 입었어요. 이상한 일이지만 그렇게라도 하고 싶었어요. 또 질까봐 겁나서.

서장훈의 이야기에 루틴의 정의가 들어 있다고 생각한다. 그는 간절하게 바라는 것을 위해 루틴을 돌렸다. 늘 같은 시간에 정해둔 것을 하고, 경기에서 지면 입은 유니폼을 버리기도 했다. 슛을 넣기 위해서 자신의 슛 루틴을 바꾸기도 했다. 서장훈은 더 나은 선수가 되기 위해 그런 선택들을 했다. 최고 수준의 경지에 다다른 이들에게는 이런 루틴이 있다. 루틴은 승리의 습관인 것이다.

루틴을 만드는 방법

루틴을 만들고 싶은 사람들에게 조언하고 싶은 것은, 대단한 것으로 루틴을 채울 필요가 없다는 점이다. 매일 아침 7~8시에 일어나는 사람이 당장 새벽 5시에 일어날 필요는 없다. 하루에 책 2쪽도 읽지 않던 사람이 갑자기 워런 버핏처럼 500쪽씩 읽을 필요도 없다. 루틴에서 가장 중요한 것은 내가 매일 할 수 있느냐 하는 것이다.

대부분의 사람들은 새해가 되면 큰 목표를 세우고 유지하지도 못할 일들을 시작한다. 이런 결심들은 작심삼일로 끝나기 마련이다. 대부분의 큰 결심들은 인생에 거의 도움이 되지 않는다. 정말 간단한 것부터 시작했으면 좋겠다.

가장 추천하는 루틴은 아침에 일어나서 이불 정리를 하는 것이다. 직장을 다니며 가장 힘들었던 시기에 나는 아침 이불 개기로 하루를 시작했고, 아침 루틴을 10개 정도 연결할 수 있었다. 내가 반드시 할 수 있는 루틴을 만들어놓으면 그것을 하게 되고, 하나의 성공 경험은 다른 성공 경험으로 넘어갈 수 있다.

2014년 텍사스 대학교 졸업식에서 윌리엄 맥레이븐 해군 제독은 이불자리를 정리하는 것에 대해 다음과 같이 말했다.

네이비실(미국 해군 특수부대) 훈련소의 매일 아침은 베트남 전쟁 참전 용사인 베테랑 교관들이 갑작스럽게 막사에 들이닥쳐 훈련생들의 침대를 검사하는 것부터 시작합니다. 만약 제대로 정리되어 있다면 모서리는 네모반듯할 것이고, 침대 커버는 단단히 당겨져 있고, 베개는 침대머리 정중앙에 위치해 있으며, 여분 담요는 잘 개어진 상태로 발치에 있을 것입니다. 매우 간단한 일이고 또 평범한 일입니다. 하지만 매일 아침 저 일을 해야 했습니다. '침대를 완벽히 정리하는 간단한 일'을 말이죠.

그 간단한 일이 주는 교훈을 저는 살면서 여러 번 깨닫게 되었습니다. 만약 여러분이 매일 아침 침대를 정리한다면 하루의 첫 번째 과제를 완수한 셈이 되죠. 그 성취는 여러분에게 작은 자부심을 심어줄 것입니다. 그리고 그 다음 일을 해낼 수 있는 용기를 주죠. 그 다음 일도, 또 그 다음 일도 말이죠. 하루가 끝날 때쯤이면, 과제 하나를 완수한 것이 여러 과제들을 완수하도록 이끌었을 것입니다.

침대를 정리하는 일은 또한 깨닫게 할 것입니다. 삶의 작은 일들도 중요하다는 것을 말이죠. 작은 일 하나도 제대로 못한다면 큰일을 제대로 해낼 가능성은 없는 것이죠. 그러니, 만약 세상을 바꾸고 싶다면 침대 정리부터 시작하세요.

나는 이 습관을 5년 이상 유지하고 있다. 이 습관을 시작하고 나서 얻는 것은 다음과 같다.

1. 매일 아침에 성공으로 시작하며 성취감을 얻는다.
2. 다음 루틴으로 넘어가는 트리거가 된다.
3. 작은 일들이 가지는 중요성들을 알게 되었다.

사소한 습관을 시작으로 위대한 성취를 이룬 사례들은 많다. 다산 정약용은 40살에 정쟁에 휘말려 형제들을 잃고 18년의 긴 유배생활을 했다. 모든 것을 잃은 다산이 유배지에서 선택한 것은 매일 새벽에 일어나 마당을 비질하는 것이었다. 그는 유배지에서의 혹독한 삶 때문에 일상이 흔들린다고 생각했다. 그는 모든 것을 포기하고 싶을 때 안고 있는 고민들을 뒤로 한 채 그저 매일 마당을 쓸었다. 마당 쓸기가 윌리엄 맥레이븐이 말한 이불 개기와 같이 사소하고 흔한 일이지만, 다산에게는 하루의 시작부터 스스로를 이겨낸다는 의미가 되지 않았을까? 그 습관을 다른 습관으로 연결해가면서 결국 유배지에서 수많은 저서를 쓸 수 있지 않았을까?

아침을 승리로 시작한 사람은 승리를 연결해가며 승리하는 하루를 만들 것이다. 시련과 고난이 찾아왔을 때 그것을 극복하는 방법도 간단하다. 늘 하던 대로 사소한 일상부터 승리를 경험하는 것을 습관으로 하는 것이다. 우리에게 지금 필요한 것은 우리가 쉽게 할 수 있는 습관을 루틴으로 만드는 것이다.

#유연한 사고 #교육 수준 #경제력 향상
#자신의 세계를 넓힐 수 있는 효과적인 방법

독서 습관

나는 가정의 경제적 환경이 자녀의 미래에 미치는 영향을 잘 알고 있다. 친가는 가난했고, 외가는 부유했기 때문이다. 할아버지는 40년 넘게 부둣가 등 여러 곳에서 막일을 했고, 외할아버지는 건물을 올리고 40년 넘게 일을 한 적이 없다. 할아버지는 안 해본 고생이 없었고, 외할아버지는 안 보는 TV 프로그램이 없었을 것이다. 또 친가의 자녀들은 대부분 대학을 가지 못했고, 외가의 자녀들은 대부분 대학에 갔다. 나와 동생은 다행히 둘 다 서울 상위권 대학에 진학했다. 가난에서 벗어나고자 했던 아버지와 현명한 어머니의 조합이 낳은 결과였다.

나는 어릴 때부터 친가보다 외가에 가는 것을 좋아했다. 외가가 부잣집이어서 그런 건 아니다. 내게 가장 소중한 사람은 할머니다. 할머니는 모든 것을 털어서 나에게 해주시던 분이다. 당신은 고기 반찬을 안 드셔도 내가 가면 쌈짓돈으로 돼지고기를 사서 세상에서 제일 맛있는 요리를 해주셨다.

가난한 친가와 부유한 외가

집이 좋고 나쁜 건 문제가 아니었다. 어린 나이에는 많은 공간이 필요 없었다. 내가 외가를 좋아한 이유는 집안 분위기 때문이었다. 특히 명절 때 쉽게 비교가 됐다. 우리 가족은 명절날 친가에서 머물다가 오후 늦게 외가로 가서 저녁을 먹었다. 외가 식구들은 내가 잘 모르는 세상의 기회에 대해 들려주었다. 의사, 약사, 변호사, 회사 임원들이 모이면 세상의 트렌드와 동향, 자녀 교육방법, 투자 방법 등에 대해 이야기를 나누게 된다. 명절날 오전에 친가 친척들이 회사 생활의 어려움, 정치와 사회 구조의 부조리함, 그날의 TV 영화 등에 대해 말하는 것과는 전혀 다른 분위기였다.

친가와 외가를 합쳐 사촌동생만 해도 10명이 넘는다. 친가 사촌 중에서는 이름 있는 대학에 가거나 그럴 듯한 회사에 취업한 사람이 거의 없다. 반면 외가 사촌들은 대부분 좋은 대학에 갔고, 알 만한 곳에 취업했다. 혹 공부가 부족한 아이들은 미국 대학에서 능력과 간판을 올렸다. 부모가 경제적으로 지원을 잘 해준 덕분이다.

그들이 경제적으로 성공하기 위해서 한 노력들은 어머니에게 들어 잘 알고 있다. 외할아버지는 가방 공장을 했다. 집이 곧 공장이었고 당시 직원만 50명이 넘었다. 외할아버지는 모든 것을 총괄했고 외할머니는 50인분 식사를 준비했다. 그런 상황에서 아이들에게 일일이 신경 쓰기는 힘들었을 것이다. 하지만 포기하지 않은 것이 있었으니 바로 책이다. 어머니 말에 의하면, 외할아버지는 책방 골목에서 헌 책을 수십 권씩 사왔다고 한다. 아이들은 옹기종기 모여서 책을 탐독했다. 특히, 외삼촌과 막내 이모는 책을 끼고 살았고 전교에서 1, 2등을 했다. 지금은 대기업 CEO와 약사가 되었다.

어릴 때 기억으로도 어머니는 늘 《대지》, 《태백산맥》, 《오싱》 등의 책을 읽고 있었다. 아버지가 책을 읽는 것을 본 기억은 없다. 나는 책을 읽는 엄마의 머리카락을 만지면서 자라 자연스레 어릴 때부터 엄마가 읽던 책들을 읽었다.

이스라엘의 역사학자 유발 하라리는 《사피엔스》에서 이렇게 말했다.

독서 습관은 대물림된다.

독서 습관은 교육 수준을 만들고,

교육 수준은 경제력을 만든다.

교육은 교육 받은 자에서, 무지는 무지한 자에게 돌아가게 마련이다. 역사에서 한번 희생자가 된 이들은 또 다시 희생자가 될 가능성이 크다. 역사의 특권을 누린 계층은 또 다시 특권을 누릴 가능성이 크다.

독서 습관은 대물림된다. 독서 습관은 교육 수준을 만들고, 교육 수준은 경제력을 만든다. 책이 아주 귀했던 30년 전에도 그렇지만, 책이 흔해도 읽지 않는 지금 시대에도 마찬가지다. 책을 읽는 사람은 소수이다. '세 살 버릇이 여든 간다'는 속담은 늘 진리이다.

책을 읽지 않는 사람들

어느 지인의 집에 갔다가 집에 책이 한 권도 없는 것을 보고 놀란 적이 있다. 아무리 책을 안 읽는다고 해도 보통 한두 권 정도는 있게 마련인데, 그 집에는 정말 한 권의 책도 없었다. 집에 책이 없을 수도 있다는 생각을 처음 해본 것 같다.

인간은 자신의 생각에 따라서 인생을 산다. 그것을 주관이라고 할 수도 있고, 시고관 혹은 세계관이라고도 할 수 있나. 인생의 모는 경험은 하나의 사고 체계를 만들게 되고, 인간은 본능적으로 생존을 위해 그 사고에 기초한 행동들을 매일 해나간다.

중요한 것은 인간이 생각보다 유연하게 사고하고 행동하지 않는다는 것이다. 유연함 자체가 생존에 불리하기 때문이다. 원시 시대, 산에서 알록달록한 식물을 발견하면 그것에 독이 있다는 것을 인식하고 먹지 않았다. 유연하게 생각해서 조금이라도 맛보는 행위들은 매우 위험한 것이었다.

그런데 그렇게 살면 생존에 불리해진다. 먹을 수 있는 것이 한정되기 때문이다. 만약 경험 많은 사람이 특정한 색깔의 알록달록한 버섯에는 독이 없다는 것을 알게 되면, 그는 더 많은 것을 먹을 수 있을 것이다. 그의 조언을 들은 다른 사람들도 그 버섯을 먹을 수 있을 것이다. 그의 조언을 듣지 않는 사람은 자기가 아는 버섯만 먹어야 할 것이다. 그러면 더 많은 버섯을 먹을 수 있는 사람의 생존 가능성이 높아진다.

그것이 우리가 세상의 지혜와 경험을 들어야 하는 이유이다. 현대에는 그것이 책이라고 할 수 있다. 개인적 경험과 지혜는 한정적이다. 자신이 갇혀 있는 세계를 넓힐 수 있는 가장 효과적인 방법은 자신의 생각과 다른 글을 읽고, 몰랐던 지식을 받아들이는 것이다.

워런 버핏은 이렇게 말했다.

> 당신의 인생을 가장 짧은 시간에 가장 위대하게 바꿔줄 방법은 무엇인가? 만약 당신이 독서보다 더 좋은 방법을 알고 있다면, 그 방법을 따르기 바란다. 그러나 인류가 현재까지 발견한 방법 가운데서만 찾

는다면, 당신은 결코 독서보다 더 좋은 방법을 찾을 수 없을 것이다.

비단 워런 버핏뿐인가. 스티브 잡스, 일론 머스크, 빌 게이츠 등 세상에서 가장 큰 영향력을 미치는 사람들은 하나 같이 독서광이다. 평범한 사람은 평범한 독서를 하고, 위대한 사람은 위대한 독서를 한다. 평범한 사람도 위대한 독서를 하면 위대한 사람이 될 수 있다.

책을 읽기가 힘든 이유

책이 좋다는 건 알지만 실제로 책을 꾸준히 읽기는 힘들다. 그래서 위안이 되는 이야기를 하려고 한다. 우리가 책을 싫어하는 것은 사실 당연한 것이다. 말하는 능력은 인류가 수십만 년 동안 가지고 있던 능력이지만 문자가 발명되고 읽는 능력을 가지게 된 데는 수천 년밖에 되지 않기 때문이다.

인류 역사에서 인간이 읽을 수 있었던 시기는 1%가 채 되지 않는다. 대부분의 역사에서 책은 특권층만 읽을 수 있었기 때문에 모든 사람이 책을 읽을 수 있게 된 최근의 100여 년은 역사에서 매우 예외적인 시기라고 볼 수 있다.

고대 사회에서 책은 너무도 귀해서 집단의 우두머리가 아니면 가질 수 없었다. 중세 시대에는 책이 비싸서 지금의 중형차 한 대 값과 비슷하기도 했다. 근대에도 도서관은 있었지만 신분에 따라 출입과 대여의 차별을 받았다. 지금 시대에는 누구나 쉽게 책을 가질 수 있다. 그럼에도 책을 읽는 사람은 거의 없다. 책 외에 선택할 수 있는 대체재가 너무 많고 강력해서 대부분 책을 선택하지 않는다. 커피는 매일 마셔도 일 년에 책 한 권 사지 않는 경우가 부지기수다.

이를 조합하면 이런 결론이 나온다. 첫 번째로 모든 사람이 책을 읽게 된 시대가 되었지만 책이 흔해서 대부분 책을 선택하지 않는다는 것이다. 두 번째로 문자를 읽는 능력은 애초에 우리 유전자에 없기 때문에 인간이 별도의 노력을 해야 한다는 것이다. 두 사실을 조합하면 결국 현대 사회에서도 책을 꾸준히 읽는 사람은 소수일 수밖에 없다.

미래 시대가 다가오고 있다. 인공지능이 체스 챔피언을 이기고, 바둑 챔피언을 이기고, 스타크래프트 챔피언을 이겼다. 인공지능은 매일 인간처럼 사고하기 위한 학습을 가공할 속도로 이어가고 있고, 완전 자율 주행, 자율 보행 등도 조만간 실현될 것이다. 조만간은 전투에서도 인공지능이 인간을 대체할 확률이 높다. 인공지능은 모든 영역에서 인간을 대체할 준비를 하고 있다.

반대로 인간은 점점 생각을 하지 않고 있다. 시간이 갈수록 스마트폰과 인터넷의 노예가 되고 있다. 인간이 스마트폰으로 가장 많이 하는 활동은 영상 시청과 게임이다. 문자를 읽는 것은 압도적으로 적고 글을 쓰는 시간은 더 적다. 문자를 읽기 싫어하는 인간의 본능을 극복해야 한다. 그것 자체가 결국 다른 사람과의 차이를 만들 것이다. 책을 읽고 생각을 하지 않는 사람들은 미래에 인공지능이 원하는 대로 생각하며 살아갈 가능성이 높다.

#레버리지 #나의 에너지 레벨
#루틴과 에너지 #나만을 위한 삶

에너지 관리

우리의 에너지는 한정되어 있다. 어떤 이는 에너지가 높고 어떤 이는 에너지가 낮지만, 기본으로 사람들의 에너지 레벨은 크게 차이 나지 않는다. 중요한 것은 자신의 에너지를 어떻게 배분하는가이다. 에너지를 자신에게 도움이 되는 것에 주로 배분하는 사람이 그렇지 않은 사람보다 성공하고 행복할 확률이 높다.

에너지 레벨을 높이기 위해서는 레버리지를 해야 한다. 우선 레버리지라는 개념부터 이해해야 한다. 목표를 이루기 위해 무언가를 활용한다면 그것을 레버리지한다고 한다. 타인의 목표를 위해 내가 활용된다면 레버리지 당한다고 한다.

'레버리지'하는 삶

회사를 예로 들어보자. 회사에 다니면 회사가 우리의 노동력을 레버리지하는 것이지만, 우리는 회사에서 월급을 받으니 우리도 회사를 레버리지하는 것이다. 하지만, 누군가는 회사에서 레버리지 당하기만 하고 누군가는 회사를 적극적으로 레버리지하려고 한다.

회사에서 레버리지 당하는 것에는 두 가지 방법이 있다.
1. 회사가 자기 삶의 전부이다.
2. 회사의 발전이 자기 발전의 전부이다.

회사를 레버리지하는 것에는 두 가지 방법이 있다.
1. 회사를 자기 삶의 일부로 인식한다.
2. 회사의 발전을 통해 자기 발전을 도모한다.

회사 생활의 전반기에는 회사의 발전이 나의 발전이라고 생각했고, 회사 생활이 곧 내 삶이라고 생각했다. 그때는 회사가 전부인

줄 알았다. 임원이 되는 것이 목표일 정도였다. 회사에서는 작은 티타임이나 술자리 등 모든 자리에 참석하려고 애썼다. 평판을 관리하기 위해 작은 소문에도 흔들렸으며, 모든 사람에게 사랑받으려고 애썼다. 일을 잘해서 관리자의 마음에 들어 고과를 잘 받기 위해 노력했다. 모든 목표가 회사에만 초점이 맞춰져 있었기 때문에 모든 에너지를 회사에서 사용했다. 그런 생각으로 살았기 때문에 나는 회사에 레버리지 당하는 인생이었다.

하지만, 회사 생활의 후반기에는 회사가 아닌 나의 인생 자체가 더 중요해졌다. 회사가 목적이 아니라 수단이 된 것이다. 회사에서 배운 것을 내 삶에 적용하고자 노력했고, 회사와 개인 시간을 분리해서 내 시간을 아껴 쓰기 시작했다. 물리적으로는 회사에 출근해도 회사에서 꼭 요구하는 에너지만 소모하면 된다. 일에 필요한 시간적, 정신적 에너지 외에는 모든 에너지를 아끼려고 노력했고, 특히 정신 에너지를 낭비하지 않으려고 노력했다. 직장 상사에 대한 뒷담화, 지나고 나면 별로 중요하지 않은 소문들, 사내 정치, 많은 업무량, 지나간 성과에 대한 후회, 내가 맡을 일에 대한 불안함. 이 모든 것들에도 에너지가 소모된다. 나는 그것들에 대한 신경을 끊고 일만 하는 사람이 되려고 했다.

나에게 주어진 권리를 누려야 한다고 생각했다. 꼰대 상사들의 눈총을 받으면서 칼퇴근하는 비율을 높였다. 술 좋아하는 상사들의 눈총을 받으면서도 나의 소중한 시간을 지키기 위해 중요한 일이

있다고 술자리를 피했다. 평일 아침과 저녁, 주말, 온종일 자산 형성에 필요한 계획을 세우고 행동했다. 직장에만 소모했던 에너지를 아껴서 나에게 정말 소중한 것들에 집중했다.

시간이 만들어지자 비로소 나를 위해 시간을 쓸 수 있었다. 주식 투자를 위한 마인드 정립에 많은 시간을 쓰고 올바른 투자를 할 수 있었다. 서울 지역을 돌아다니며 부동산 임장을 했고 아파트를 구매했다. 한국에 흔히 유통되지 않는 물건을 해외에서 매입하여 판매했다. 전자책도 만들어서 판매했다. 블로그를 시작하여 나만의 브랜드를 만들기 시작했다. 그렇게 나는 나를 위한 일들을 하나씩 해나갈 수 있었다.

그 과정에서 알게 되었다. 내가 레버리지를 하는 것이 많으면 나의 에너지 레벨이 높아진다. 내가 레버리지 당하는 것이 많으면 나

지속 가능한 나를 위해 가능한 것들을 레버리지해야 한다.

의 에너지 레벨이 낮아진다. 내가 나를 위해 선택하고 결정하는 일들은 나의 에너지 레벨을 높인다. 내가 남에게 지시 받고 움직이는 것은 나의 에너지 레벨을 낮춘다. 그렇기 때문에 에너지 레벨을 높이기 위해서는 레버리지를 하는 비중을 높여야 한다.

회사를 퇴사하면 아무것도 남지 않는다. 직장 동료도 회사를 다닐 때나 동료였을 뿐 더 이상 교류하지 않게 된다. 직장에서 내게 도움이 되는 유용한 경험을 쌓을 수 있을 뿐, 회사를 퇴사하면 그때의 성과는 나의 것이 아니다. 회사는 나 없이도 잘 돌아가기 때문이다. 수명이 짧은 것을 위해 모든 것을 거는 것은 허망한 삶이다. 직장 생활은 짧지만 나의 인생은 길기 때문이다. 지속 가능한 나를 위해 가능한 것들을 레버리지해야 한다.

나의 에너지를 뺏는 것들

직장 생활 초반에 내 에너지를 빼앗아 간 것들을 생각해본다. 그것들 때문에 에너지가 딸려서 다른 생산적인 것을 하지 못했다. 뺏기는 에너지를 아끼니 더 생산적인 곳에 에너지를 쓸 수 있게 되었다. 나의 사례를 통해 각자의 에너지를 아낄 수 있는 방법을 찾아보길 바란다.

1. 과도한 업무

회사와 계약을 했기 때문에 회사에서 주어진 나의 몫은 성실하게 해야 한다. 그것이 본업을 대하는 기본 자세다. 그런데 가끔 내가 하지 않아도 될 일을 상사와 동료가 나에게 떠맡기기도 한다. 직장 생활 전반기에는 다른 사람의 요청을 좋은 것이라고 생각했다. 상사에게 보여주기식 야근도 하고, 일이 없어도 일하는 척했다. 이렇게 살다보면, 회사에서는 그런 사람으로 인식되어 일이 계속 늘어나는 악순환이 생긴다. 과도한 업무를 하고 있으면 나를 위한 시간을 낼 수 없다. 나의 삶이란 존재하지 않는다.

2. 주변의 시선

직장에 다닐 때는 타인의 시선에서 자유로울 수 없다. 나의 사소한 언행과 태도에 대한 여러 소문이 만들어진다. 일뿐만 아니라 사적인 것에서도 엉뚱한 소문이 퍼진다. 나의 복장에 대해서도 사람들의 입에 오르내렸다. 한번은 부서 연말 행사에서 유행에 제일 민감하지 않은 직원으로 뽑혔다. 그 시선 폭력을 생각하면 아직도 눈물이 나고 몸서리를 치게 된다. 검소하게 사는 것도 쉽지 않을 때가 있다.

지나고 보니, 신경을 안 쓰면 됐었다. 하나하나에 신경 쓰는 삶을 살았고 그것은 너무도 큰 에너지 낭비였다. 회사 생활의 후반기에는 그 모든 것으로부터 초연하고자 했고, 실제로 그럴 수 있었다. 주변의 시선에 신경을 쓰고 있다면 정작 나를 위한 삶을 살 수 없다.

3. 주가의 등락

주식이나 부동산 시세에 신경 쓰는 데도 에너지를 뺏긴다. 주식이나 부동산이 하락한다고 주식 앱이나 부동산 거래 창을 계속 지켜보는 일은 아무런 도움도 되지 않는다. 오히려 스트레스를 받아 투자에 부정적으로 작용된다.

직장인에게 단기 투자는 손실을 키우고 에너지를 잡아먹는 최악의 선택이다. 장기 투자가 최선이며 주가나 부동산 시세를 잊고 지내는 것이 좋다. 내가 주식 투자를 오래 할 수 있었던 비결은 시장을 자주 확인하지 않는 것이었다. 투자의 가격 변화에 민감하게 반응하는 것도 나의 에너지를 빼앗기 때문이다.

4. 너무 많은 정보

오늘날에는 정보가 너무 많다. 필요한 정보도 있지만 쓸데없는 정보, 가짜 정보도 있다. 이 모든 정보를 비슷하게 보는 것 자체가 노력과 시간, 에너지를 많이 쓰는 일이다. 내게 꼭 필요한 뉴스만 관리해서 확인하는 습관이 필요하다. 너무 많은 정보에 무방비로 노출되면 정말 나에게 필요한 정보를 알 수 없는 법이다. 너무 많은 정보에 노출되면 나의 에너지를 빼앗긴다.

5. 미래에 대한 불안

미래에 대한 불안이 미래를 준비하게 만들기도 한다. 하지만 미래에 대한 불안이 부정적으로 작용하는 경우가 더 많다. 나에게도 불안에 떨면서 무기력해져서 나를 좀먹던 시기가 있었다. 불안하면 불안의 원인을 찾고 계획을 세우며 불안을 해결하기 위해서 무엇이라도 실행해야 한다. 가는 길이 멀어 보여도 하루에 최소 한 걸음이라도 가야 한다. 그것 자체가 에너지가 된다. 불안해할 시간에 몸을 움직였더니, 삶이 훨씬 나아졌다.

미래에 대한 불안 자체가 나의 에너지를 빼앗는다. 한정된 에너지를 갉아먹는 모든 것에서 벗어나야 한다. 그런 것들은 대부분 나의 껍데기에 대한 것들이다. 껍데기에 신경 쓰는 삶에서 벗어나서 본질에 집중해야 한다. 그것이 자신의 에너지를 충만하게 하는 가장 좋은 방법이다.

김그냥 대리와
박루틴 과장의 하루

루틴과 에너지는 연결되어 있다. 루틴 자체가 에너지를 아끼는 행위이기 때문이다. 김그냥 대리와 박루틴 과장의 하루를 살펴보며 루틴에 대해 생각해보자.

김그냥 대리와 박루틴 과장은 같은 회사에 다닌다. 비슷한 학력에 비슷한 능력을 가지고 있다. 두 사람이 다른 점은 김그냥 대리에게는 루틴이 없고, 박루틴 과장에게는 루틴이 있다는 것이다. 김그냥 대리에게는 회사일이 전부이지만, 박루틴 과장은 작가가 되는 것이 꿈이다.

#장면 1: 아침

김그냥 대리의 기상 시간은 불규칙하다. 전날에 야근이나 회식을 했으면 늦게 일어나고 일찍 잤으면 일찍 눈을 뜨는 식이다. 아침에 눈을 뜨니 6시, 반수면 상태의 김그냥 대리는 생각한다.

'어제 내가 몇 시에 잤지? 지금 몇 시간을 잔 거지? 아, 유튜브 보다가 늦게 자서 6시간도 못 잤네. 오늘은 회사 가는 날인가? 아, 회사 가는 날이네. 젠장. 다행히 6시다. 좀 더 잘 수 있겠다.'

다시 잠들었다가 눈을 뜨니 7시다. 이런, 지각이다. 빨리 옷을 입어야 한다. 무엇을 입어야 할지 모르겠다. 옷장을 열어서 아무거나 입는다. 냉장고를 열어서 무슨 반찬이 있는지 본다. 달걀만 있고 다른 반찬은 없다. 먹다 남은 국도 없다. 먹을까 말까 고민하다가 밥에 달걀과 간장을 넣고 비벼 먹었다. 집을 나서려니 지갑이 안 보인다. 찾아보니 어제 입었던 바지 주머니에 있다.

집을 나서니 생각보다 날씨가 춥다. 다시 집에 들어가 옷을 갈아입을까 생각하다가 그냥 가기로 한다. 또 늦으면 부장한테 혼날 테니. 택시를 타야 할까, 지하철을 타야 할까. 오늘은 힘드니까 택시를 타자. 하지만 택시 줄이 길어서 다시 지하철역으로 뛰어간다. 아침부터 왜 이렇게 힘든지 이해가 안 된다. 그냥 사는 게 너무 힘들다.

박루틴 과장의 기상 시간은 새벽 6시다. 전날에 일찍 잤든 늦게 잤든 6시에 일어난다. 5년을 그렇게 살았다. 박루틴 과장은 중얼거린다. “오늘은 회사 가는 날이네.”

박루틴 과장은 늘 하던 대로 10분 동안 스트레칭을 하고 20분 동안 좋아하는 책을 펼쳐 읽었다. 그리고 정해둔 옷을 입는다. 박루틴 과장은 계절별로 옷을 두 벌씩 가지고 있고 매일 옷을 바꿔 입는다. 그날 입은 옷은 저녁에 빨래하고 다음날 옷장에 넣어둔다. 늘 그렇듯 재즈 음악을 틀고, 커피를 내리고, 토스트를 먹고 집을 나선다. 지갑 등 출근에 필요한 모든 것은 현관 옆 바구니에 담겨 있다. 7시가 되기 전에 집을 나서서 늘 보던 풍경을 보며 걷고, 늘 같은 시간에 지하철을 탄다. 늘 그렇듯 지하철에서 책을 펼쳐 읽는다.

#장면 2: 출근 후

김그냥 대리는 출근 후 눈에 보이는 일부터 처리하기 시작한다. 그러나 이내 여기저기서 전화가 와서 급한 일을 처리해 달라고 한다. 그러면 그 일부터 처리한다. 중간 중간에 상사의 지시나 미팅이 있으면 서둘러 들어간다. 오늘은 상사에게 보고를 늦게 해서 혼도 났다. 보고할까 말까 하다가 까먹은 일이다. 그것 때문에 결국 오후 내내 그 일을 백업하다가 시간을 다 보냈다. 오늘은 야근을 해야 할지도 모른다.

박루틴 과장의 일은 루틴이 있다. 오늘 참석해야 할 미팅과 해야 할 일을 정리한다. 꼭 해야 할 일의 리스트를 정하고 가장 중요한 일부터 순서대로 처리한다. 상사에게 알려야 할 일이 있는지 확인하고, 현재 상황과 대안 제시의 2단계 방식으로 최대한 빠르게 보고한다. 오전을 그렇게 보내고 나면 오후에는 덜 중요한 일들을 할 수 있게 된다.

#장면 3: 퇴근 후

정신없는 하루를 마친 김그냥 대리는 퇴근을 한다. 오늘도 야근을 했다. 한 달 전에 헬스클럽에 등록했는데 갈까 말까 고민이 된다. 하지만 시간도 늦었고 너무 힘들어서 갈 수도 없다. 내일 가면 되겠다 생각하고 집으로 발걸음을 옮기려는데 한잔만 과장이 나타나 '한잔만 하자'고 한다. 그래, 한잔만 하고 가자. 하지만 늘 그렇듯이 한 잔이 두 잔이 되고 두 잔이 세 잔이 되어 김그냥 대리는 12시가 넘어 귀가했다. 샤워를 하고 잘까 그냥 잘까 고민하다 잠이 든다. 그리고 꿈에서 샤워를 한다. 그의 소지품들은 집안 곳곳에 흩어져 있다.

정시에 일을 끝낸 박루틴 과장은 집으로 향한다. 주변에서 술자리가 만들어지는 것 같은데 월, 수, 금요일은 스터디 그룹에 참석하는 날이라고 회사에 확실히 말해두었다. 사실은 자신이 정한 글을 쓰는 시간이다. 늘 카페에 가서 3시간 동안 글을 쓴다. 인간관계를 유지하기 위해 화요일과 목요일은 비워두어 직장 동료와 저녁을 먹거나 친구를 만나기도 한다. 오늘은 수요일이니 카페로 간다. 요기를 하고 글을 쓴다. 카페에서는 집중이 잘된다. 집중의 공간이다. 밤 10시에 귀가한 후 늘 그렇듯 샤워를 하고, 책을 읽고, 일기를 쓰고, 잠자리에 든다. 그의 소지품들은 항상 두는 자리에 잘 놓여있다.

이야기에 등장하는 김그냥 대리는 회사에서 모든 에너지를 쓰고 있다. 박루틴 과장은 에너지를 회사와 자신을 위한 일에 분배해서 사용한다. 중요한 점은 이런 에너지는 루틴을 통해 만들어진다는 것이다. 이렇게 루틴을 반늘면 회사를 다니면서도 나의 삶을 살 수 있다. 나의 삶이 있는 것과 없는 것은 다르다. 눈치 챘는지 모르겠지만, 김그냥 대리는 회사 생활 전반기의 내 모습이고, 박루틴 과장은 회사 생활 후반기의 내 모습을 투영한 것이다. 나는 박루틴 과장의 삶을 사면서 나만을 위한 삶을 만들어갈 수 있었다.

인간은 선택을 통해 많은 에너지를 사용하게 된다. 해야 할까 말아야 할까, 오늘 할까 내일 할까를 고민하면서도 계속 에너지를 사용한다. 그래서 에너지를 가장 효율적으로 쓰는 상태는 자신이 정해진 루틴을 계획대로 돌리는 것이다. 이렇게 아낀 에너지로 나에게 중요한 것에 집중할 수 있다.

#극단 값 #나의 한계는?
#소비 절제 #장기 투자 #중국어

극단의 경험

인간은 가끔 자신의 한계를 알아볼 필요가 있다. 자신이 어디까지 할 수 있는지를 확인하는 것은 돈을 주고도 살 수 없는 소중한 경험치가 된다. 그 경험 자체가 자신의 능력치를 높여주기 때문이다. 나는 '에너지 관리'를 평소 값으로 살면서 한번씩 '극단 값'을 알아보는 삶을 지향한다.

예를 들어보자. 내가 시험을 치기 위해 이틀 밤을 샜다고 치자. 극단적인 경험이다. 내가 잠을 안 자고 얼마나 견딜 수 있는지, 그 상태에서 시험에 집중할 수 있는지를 알아보는 것이다. 이를 통해 내가 잠을 안 자고 버틸 능력이 있다는 것을 확인하게 된다.

물론, 늘 그렇게 살 수는 없다. 이틀 밤을 새고 하루 자는 식으로 산다면 건강이 망가질 것이다. 생체리듬도 흐트러지고 삶도 엉망이 될 것이다. 전혀 지속 가능한 삶이 아니다. 하지만, 그 경험 자체는 기억에 남을 것이다. 정말로 밤을 새서 무언가를 해야 할 정도의 급박한 상황이 되었을 때 그때의 기억이 날 것이고, 자신을 믿고 극단적 상황에 몸을 맡길 수 있다.

나는 이런 생각으로 고생을 대했다. 고생이 너무도 힘들 때면 지금 극단 값을 경험하는 것이라고, 내가 어디까지 갈 수 있는지 한번 경험해보자고 생각했다. 이런 습관들은 나에게 큰 도움을 주었다.

니체는 말했다. 나를 죽이지 못하는 것은 나를 더 강하게 만든다고. 그래서 나는 인생에 필요한 덕목들에 대한 극단을 경험하는 습관을 가질 것을 추천한다. 내가 겪었던 소비, 인내심 등에 대한 극단 경험을 공유한다.

만 원으로 한 주 살기

너무도 당연한 일이지만, 아무리 많이 벌어도 그보다 많이 쓰면 가난해진다. 신입사원 때 내 월급의 70%

정도는 저축과 투자를 위해 사용했다. 문득 어디까지 소비를 절제할 수 있을까 궁금했다. 그래서 극단까지 경험을 해보았다.

나는 한 달 동안 4만 원으로 산 적이 있다. 4만 원을 목표로 한 이유는 일주일에 1만 원씩 쓰려고 계획했기 때문이다. 딱 한 달만 그렇게 살아보고 싶었다. 그때 만 원으로 한 달을 살아보기 같은 내용의 다큐멘터리를 보고 감명을 받았던 터다.

회사는 여의도에 있고 집은 당산역 근처라 회사까지의 거리가 4km 남짓 되었다. 원래 지하철을 타고 다니는데 그 시기에는 걸어 다녔다. 마침 그때가 봄이라서 가는 길이 꽃길이었다. 아침 6시에 가방을 메고 나서면 구두 혹은 운동화를 신고 걸어가던 형님들을 만날 수 있었다. 자주 보는 형님들과는 가볍게 눈인사를 나누기도 했다. 그렇게 하루에 두 번, 40분 동안 걸어 다녔다.

회사에 일찍 도착하면 회사에서는 기특하다고 아침밥을 주었다. 점심도 회사에서 제공해주고 야근을 하면 또 밥이 나왔다. 집으로 돌아갈 때는 아침과 마찬가지로 걸어서 간다. 사회 초년생 때는 내가 커피를 사는 일이 별로 없다. 애절한 눈빛으로 선배들을 쳐다보면 해결되었다. 이렇게 평일의 루틴을 만들어서 지켰다.

주말이 되면 만 원을 썼다. 미리 사둔 달걀과 간장을 밥에 넣어 휙휙 섞고 어머니가 보내순 몇 가지 반찬을 곁들여 밥을 먹었다. 그리고 좋아하는 책을 들고 한강 공원으로 갔다. 돌아다니다가 피곤해지면 아무 부동산에 들어가서 커피를 얻어 마시면서 부동산 이야기로 한두 시간을 보냈다. 월세 살 돈도 없는 주제에 매물로 나온 집을 보러 가기도 했다. 서점에 들어가면 2시간 정도는 가볍게 책을 읽고 나올 수 있었다. 돌아오는 길에 몇천 원으로 간단한 안주거리에 맥주 한 캔을 사서 한강을 찾았다. 그것이 나에게는 최고의 사치였다.

이런 루틴은 첫 한 달만 가능했다. 점점 소비가 커져서 한 달에 50만 원, 100만 원 이상도 쓰게 되었다. 그래도 극단까지 가보았던 경험은 세상을 살아가는 데 큰 도움이 되었다. 지금도 살면서 소비를 줄일 필요가 있다면 다시 그때의 심정으로 돌아가 절제하곤 한다. 그때의 경험이 지금의 나에게 여전히 영향을 미치는 것이다.

일론 머스크는 창업을 하기 전, 하루에 1달러로 살기에 도전했다. 마트에 가서 냉동 핫도그와 오렌지 30달러 치를 사서 한 달 동안 그것만 먹었다. 돈 없는 삶이 가능한지 체험해본 것이다. 한 달을 지내보고 무리가 없다고 판단한 그는 창업을 했다. 극단의 소비 절제는 그에게 창업할 용기를 주었고, 나에게는 목돈을 만들 수 있는 습관을 주었다.

폭락한 주식을 안고 버티기

내가 15년을 다닌 회사는 미국 다우존스 30에 해당하는 역사와 전통을 가지고 있다. 나는 자사주 매입을 통해 미국 주식에 입문했다. 처음에 자사주를 매입한 것은 입사 후 3개월이 지난 2007년 가을이었다. 3개월의 수습기간이 지나야 자사주 투자가 가능했다. 우리 회사는 월급의 일정 수준까지 할인된 금액으로 자사주를 매입할 수 있었다. 미국 우량주를 할인 금액으로 살 수 있다는 것은 철없던 나에게도 매우 매력적으로 들렸다. 실제로 많은 선배들이 자사주 매입을 하고 있었다.

당시 주식 투자에 대한 특별한 관점도 없었다. 그저 우리 회사가 충분히 훌륭하고 전망도 괜찮을 것이라는 생각에 투자했다. 세계 경제를 살피지도 않았고, 단기에 흔들리지도 않았다. 어차피 자사주라는 것이 매수 후 1년 안에 매도할 수 없기 때문에 매입 이후 관심을 가지지 않았다. 2008년 가을, 미국발 금융 위기가 터졌다. 내가 가지고 있는 자사주도 60%까지 하락했다. 10~20년 동안 모은 주식 자산이 수억 원이 되는 선배들은 패닉에 빠졌다. 일순간에 수억 원을 날린 사람도 많았다. 회사 분위기도 흉흉해서 구조 조정을 해야 하는데 자산까지 하락하니 공포를 견디지 못하고 매도하는 선배들이 많았다.

주식 장기 투자에 대한 극단의 경험은
나에게 주식 시장에서 가져야 할 인내심의 끝을 보여주었다.

하지만 나는 매도하지 않았다. 특별히 멘탈이 강해서가 아니라 자사주를 모은 지 1년밖에 되지 않아 보유금이 300만 원 정도에 불과했기 때문이다. 가치가 절반이 떨어졌어도 큰 감흥이 없었다. 오히려 가치가 떨어진 자사주를 매달 모을 수 있어서 희열을 느꼈다. 회사에서 정해둔 범위가 아니라 그 이상이라도 매입하고 싶은 마음이 들 정도였다. 1년이 지나니 주가는 전 고점으로 돌아왔고, 다시 5년이 지나니 300% 넘게 상승했다. 나의 주식 투자에 대한 관점은 이때 만들어졌다. 우량주는 일시적으로 폭락하더라도 결국 주가는 실적에 비례하여 올라간다는 것을 알게 되었다.

이것이 주식 장기 투자에 대한 극단의 경험이었다. 나는 그렇게 자사주를 10년 동안 모았다. 주식 시장 상황은 신경 쓰지도 않았다. 내가 다니는 회사가 충분히 훌륭했기에 회사를 보고 주식을 모아간 것이다. 10년 동안 목돈이 필요한 적도 있었다. 하지만 나는 작은 성공의 경험을 극단까지 끌고 가고 싶었다. 집을 사기 위해 자사주를 전량 매도했을 때는 이미 2008년 금융 위기 때 가격의 4~5배 넘게 상승해 있었다.

그 경험은 나에게 주식 시장에서 가져야 할 인내심의 끝을 보여주었다. 그것은 지금도 다른 회사에 장기 투자를 할 수 있는 힘으로 작용하고 있다. 그 사이에 나는 애플에 7년을 장기 투자했고, 그 이후에도 다른 종목들을 장기로 보유하기 시작했다. 이런 경험들은 내가 평생 유지할 수 있는 주식 시장에 대한 관점을 만들어주었다.

6개월 동안 중국인처럼 살기

내 인생에서 빼놓을 수 없는 6개월이 있다. 2005년, 나는 중국에서 한국말을 한마디도 하지 않고 살았다. 나는 중국어 습득의 극단을 경험해보고 싶었다. 당시 대세는 영어가 아니라 중국어라고 생각했고 단기간에 중국어 실력을 높이고 싶어서 중국에서 1년 동안 살아보기로 결심했다.

중국어를 제대로 습득하기 위해 휴학을 하고 중국의 중소 도시로 향했다. 당시 중국에 가기 위해서는 한국 유학원을 통해야 했다. 유학원에서 연계된 학교의 부속 어학원으로 가서 한국인들과 같이 기숙사와 학원을 공유하면서 살게 된다. 문제는 그런 생활을 하면 중국어에 온전히 매진하기 힘들다는 것이다.

나는 한국에 거주하던 일본인 친구에게 소개받은 일본 유학원을 통해 중국의 부속 어학원에 들어갔다. 한국말이 들리지 않는 곳에 스스로를 집어넣은 것이다. 그곳에는 일본인들만 있었던 덕분에 나는 온전히 중국어만 사용해야 했다. 물론, 한국어를 하지 않고 사는 일은 힘들었지만 덕분에 6개월을 순수하게 중국어에만 노출된 생활을 할 수 있었다.

매일 오전 학원 수업을 듣고 난 후 오후에는 시장에 나갔다. 수많은 사람이 오가는 시장의 한 켠에 쭈그리고 앉아서 몇 시간 동안 생생한 중국어를 들었다. 학원에서 배우는 중국어도 있지만 실생활에서 배우는 중국어도 있기 때문이다. 어떤 날에는 대학교를 돌아다니면서 중국 학생들과 농구를 하면서 중국어를 배우기도 했다. 그렇게 내가 중국인이라고 생각하고 6개월을 살았다.

6개월 뒤, 나는 한국어와 사람들이 그리워져서 어쩔 수 없이 한국 어학원으로 옮겼다. 레벨 테스트를 받으니 웬만한 대학생들이 1

년 동안 어학연수를 한 실력이 나왔다. 다시 6개월이 지난 후 대부분의 학생들이 HSK(중국어능력시험) 중급을 받을 때 나는 HSK 고급을 받았다.

20여 년이 지난 지금은 중국어를 거의 까먹었지만 중국어를 들으면 절반 정도는 이해한다. 극단의 경험이 나에게 쉽게 사라지지 않는 중국어 능력치를 탑재해준 것이다. 나에게는 놀라운 집중력으로 외국어를 높은 수준으로 올릴 수 있는 능력이 있다고 생각한다. 이런 극단적 경험을 일생 동안 계속해서 도전해보고 싶다.

#상상을 현실로 #동기부여
#내 안에 가지고 있는 본연의 힘

인지 부조화

"나는 부자다."를 외치면 부자가 되고 "나는 잘났다."를 외치면 잘난 사람이 될 수 있을까? 이렇게 말하면 말도 안 되는 소리라고 생각할 것이다. 나도 과거에는 이런 말을 믿지 않았다. 하지만 과학적으로 따져보면 말이 되니 지금부터 왜 그런지 살펴보자.

부자도 아닌데 부자인 척하기

뇌과학자나 인지과학자들은 인간의 뇌가 인지 부조화를 싫어한다고 말한다. "나는 부자다."라고 외치는데 부자가 아니면 뇌는 그 상황을 견디기 힘들어한다. 그래서 뇌는 두 가지 중에 하나를 선택하게 된다.

1. "야, 자꾸 부자라고 외치지 마. 넌 가난하잖아."
2. "아, 인지 부조화 상황을 못 견디겠어. 그냥 부자가 되자."

이런 경우 1번이 작동되면 나에게 외치는 것을 포기하게 된다. 2번이 작동되면 실제로 부자로 나아갈 수 있다고 생각하기 시작한다. 그렇게 이해한다면, 내가 1번의 내적 갈등 상황을 극복하고 계속 "나는 부자다."라고 외치면 2번의 상황으로 나아간다고 이해할 수 있다. 이를 행동으로 옮기면 2번으로 넘어가기가 더 수월해진다.

운동하기 싫은 아침에 억지로 밖으로 나갔다고 하자. 몇 걸음을 걸으면 뇌는 강한 인지 부조화를 일으킨다. 이 상황을 도저히 이해하기 힘든 것이다.

1. "야, 너 운동 싫다고 했잖아. 왜 걷고 있어?"

2. "나 사실은 운동을 좋아하는 거였어."

라는 두 가지 생각을 한다. 그런데 내가 행동하고 있으니 행동 하나하나가 1번이 아닌 2번의 생각을 하도록 돕게 된다. 그래서 인간은 정말 하기 싫은 일도 일단 시작하면 지속한다. 행동하는 몸을 보고 뇌가 인지 부조화를 일으키는 것이다 "사실은 내가 그렇게 하고 싶었던 거야."라고 생각하면서 행동을 지속하게 된다. 이런 인지과학을 이용하면 1. 계속 주문처럼 외우고 2. 관련 행동을 시작하면서 내가 원하는 모습으로 나아갈 수 있다.

이는 매우 강력한 습관이 될 수 있다. 내가 하고 싶지만 하지 않고 있는 모든 습관들에 대해 나에게 주문을 외우자. 그리고 바로 행동으로 옮기자. 그 자체가 큰 변화를 만들 것이다.

상상을 현실로 만든 짐 캐리의 인지 부조화

미국의 영화배우 짐 캐리는 가난한 가정에서 자랐다. 가족을 부양하기 위해 15세에 학교를 그만두어야 했다. 배우의 꿈을 안고 무명 배우가 되었지만 아버지는 돌아가시고, 어머니는 병이 들어 힘든 생활을 이어갔다. 꿈만 있고 돈은 없던 짐 캐리는 햄버거 하나를 세 조각으로 나누어 하루 식사를 해결하고, 50달러짜리 중고차에서 잠을 자며 지내기도 했다.

이런 상황에서 짐 캐리는 강력한 인지 부조화 상황을 만들어냈다. 우선, 매일 밤 할리우드가 보이는 언덕에서 도시를 내려다보며 "나는 최고의 영화감독들에게 영화 출연 제의를 받고 있다."고 외쳤다. 자신이 꿈꾸는 미래를 자신에게 외친 것이다. 또한 백지 수표에 자신의 이름과 1,000만 달러를 써서 지갑에 넣어 다녔다. 매일 수표를 보면서 꿈을 떠올리고 꿈을 현실로 만들기 위해 노력했다. 이것이 반복되면 뇌는 인지 부조화를 일으키고, 결국 현실을 바꾸기 위해 노력한다. 모두가 불가능하다고 말할 때, 짐 캐리는 유명한 배우가 될 수 있을 것이라는 자기 암시를 한 것이다. 이 상황은 내가 알고 있는 가장 강력한 인지 부조화 상황이다.

5년 뒤 짐 캐리는 첫 번째 영화인 <덤 앤 더머>로 출연료 1,000만 달러를 받았다. 그리고 최고의 영화감독들에게 영화 출연을 제의받는 배우가 되었다. 이것은 단순히 상상의 힘이 현실이 된다는 것을 말하는 것이 아니다. 인지 부조화를 통해 스스로의 뇌를 자극해서 상상을 현실화할 수 있도록 만드는 방법에 대해 말하는 것이다. 즉, 자기 안에 가지고 있는 본연의 힘을 이끌어내는 방법이다.

인지 부조화는 실제로 어떻게 행동을 이끌어낼까? 다음과 같은 과정을 통해서 진행된다. 100억 부자가 되고 싶다는 목표를 가진 사람의 인지 부조화 과정이다.

1. 내가 100억을 가진 사람이라고 생각한다.
2. 하지만 나는 100억이 없다. -인지 부조화 발생
3. 100억을 만들 수 있는 방법을 생각하게 된다. -인지 부조화 지속
4. 하지만 여전히 100억이 없다. -인지 부조화 강화
5. 1~4번이 계속 반복되면서 결국 100억을 만든다. -인지 부조화 해결

물론 이 방법을 통해 반드시 100억을 만들 수 있다고 볼 수는 없다. 하지만 자신이 100억의 가치가 있는 사람이라는 것을 인식하고, 자기가 처한 현실과 비교하게 되면 강한 동기부여를 받을 수밖에 없다. 결국 100억의 가치를 만드는 방법에 대해 생각하고 행동하게 될 것이다. 이런 행동을 통해 기존에는 불가능했던 많은 가능성을 만들어갈 수 있다.

나도 인지 부조화를 적극적으로 활용하고 산다. 10년 뒤, 30년 뒤의 내 모습을 상상하면서 동기부여를 하고 있다. 이 방법이 당신의 삶에도 유용하길 바란다.

4단계

돈을 버는 방법

#직장의 이점 #꾸준한 소득
#회사를 레버리지하는 방법

근로 소득

직장에서 얻는 이점은 이루 말할 수 없다. 누구나 직장을 그만두기 위한 준비를 미리 해야 하지만 동시에 직장의 이점을 최대한 활용해야 한다. 그러기 위해서는 자신의 직장을 소중히 여기는 마음을 가져야 한다.

내가 아는 대부분의 흙수저 출신 젊은 부자들도 애초에 직장을 다니지 않았다면 경제적 자유에 이르는 것이 불가능했을 것이다. 그들은 하나같이 직장에서 꾸준히 소득을 얻어 자본금을 모으고 투자 등을 통해서 돈을 불렸다. 그들은 직장에서의 노동 소득을 중심으로 부의 시스템을 만드는 데 매진하였다. 이렇듯 모든 재테크의 출발점은 직장이라고 볼 수 있다.

내가 건물을 소유하고 있고 월세 수익이 3%라고 해보자. 직장에서 월급을 200만 원 받는다면 9억 원의 건물을 가지고 있는 것과 마찬가지다. 월급을 300만 원 받는다면 12억의 건물을 가지고 있는 셈이다. 내가 가진 주식의 배당 소득이 3%라고 해보자. 직장에서 월급을 200만 원 받는다면 9억 원의 주식을 보유하고 있는 셈이고, 월급을 300만 원 받는다면 12억의 주식을 보유하고 있는 것이다.

보통사람들은 그 정도 가치를 가지는 건물이나 주식을 보유하고 있지 않다. 이렇게 생각하면 직장에서 버는 소득의 소중함을 뼈저리게 느낄 수 있다. 내가 고정으로 받는 월급이 얼마 안 되는 돈 같지만 사실은 매우 소중한 돈이라는 것이다.

나는 본업이 있는 사람이 투자에도 성공할 확률이 높다고 본다. 15년 동안 주식과 부동산 투자를 하는 사람들을 직간접으로 만나보았는데, 모두 본업을 통해 경제적, 심리적 안정을 가지고 있었다. 그들은 안정을 통해 자산을 모았기에 자산 하락기가 와도 견딜 수 있었다.

직장이 주는 놀라운 혜택들

주식부터 생각해보자. 대부분의 주식 부자들은 주식을 장기간 보유한 사람들로, 시장 상황을 분석하면서 샀다 팔았다 하지 않는다. 우리 회사에서 다달이 주식을 사 모으던 분들이 그랬다. 그들은 매달 주식을 매수할 금액이 빠진 월급을 받았기에 자사주는 그냥 없는 돈이라고 생각했다. 그렇게 수십 년 동안 모은 주식은 퇴직 즈음에 5억~10억의 수익으로 돌아왔다.

사업을 하는 한 부자는 남는 현금이 있으면 모두 우량 주식에 넣고 오랜 기간을 투자했다. 수십 년을 그렇게 하고 난 뒤에 사업체를 정리해보니, 주식 계좌에 수십억의 돈이 있었다. 아이들에게 우량주를 모아준 분들도 그렇다. 10~20년 뒤에 아이들이 커서 계좌를 보면, 대학 등록금 이상의 금액이 있는 경우도 많았다.

이들은 모두 생활에 필요한 현금을 직장이나 사업을 통해 융통할 수 있어서 주식을 잊고 지낼 수 있었다. 본업이 없어서 현금이 계속 필요했다면 장기간 주식을 보유하고 있기 힘들었을 것이다.

부동산의 예를 보자. 사업가들은 사업 부지를 매입하는 경우가 많다. 충청도, 경기도, 경상도 등 전국 어디든 상관없이 몇백 평의 땅을 매입하고 수십 년이 지나면 땅값이 오른 경우가 많다. 일부를 제외하고는 사업만으로 부자가 되기 힘들다. 사업으로 번 돈은 생활비나 자녀 교육비로 사용하고, 목돈은 사업 부지를 매각하면서 만들었다.

흔히들 하는 가장 큰 실수가 투자를 위해 전업으로 나서는 경우이다. 주식 투자나 부동산 투자로 목돈을 벌었다고 섣부르게 전업으로 나서는 경우가 많다. 그들은 장이 좋을 때의 경험으로 직장을 그만두지만 항상 장이 좋을 수 없고 하락장도 맞게 된다. 그러면 견디기가 어려워진다. 또한 전업을 하다보면 생활비를 충당해야 하니 단기간에 높은 수익을 올려야 하고, 이는 스스로에게 부담을 주어 투자에서 실수를 거듭하게 만든다. 결국, 투자도 무너지고 생활도 무너지게 된다.

흙수저 출신의 부자들은 주로 다음과 같은 방식을 통해 만들어졌다.

1. 본업에 집중
2. 주식과 부동산을 잊고 지낼 수 있는 현금 흐름과 느슨한 관심
3. 주식과 부동산 장기 투자로 목돈을 만듦

회사는 생각보다 많은 혜택을 제공해준다. 회사를 다니면 다음과 같은 혜택을 누릴 수 있다. 확인해보고 직장의 소중함을 다시 한 번 인식하고 동시에 레버리지할 수 있는 것을 확인하자.

1. 현금 흐름을 만들어 생활 및 투자가 가능하다.
2. 신용을 통해 대출이 가능하다.
3. 4대 보험을 제공받는다.
4. 국민연금, 퇴직연금 등을 제공받는다.
5. 다양한 복지 혜택을 누릴 수 있다.
6. 관련 분야의 일을 배울 수 있다.
7. 관련 분야의 인맥을 쌓을 수 있다.
8. 사람에 대해 알아갈 수 있다.

회사를 그만둔 사람들이 공통으로 말하는 장점들이다. 현재 회사를 다니고 있는 사람은 1번 정도만 생각하겠지만, 회사를 그만두고 나면 비로소 회사에서 받았던 혜택이 많았다는 것을 느끼게 된다. 지금 회사를 다니고 있다면 위의 혜택을 마음껏 누려라. 그것이 회사를 레버리지하는 방법이다.

물론 사업으로 사회생활을 시작하고 싶은 사람도 있을 것이다. 좋은 생각은 아니라고 생각한다. 나는 평소 후배들에게 네가 아주 특별한 재능을 가지고 있지 않다면 사업보다는 직장으로 인생을 시작하라고 조언한다. 부자가 되기 위해서는 꾸준히 실패를 줄여나가야 한다. 세상 물정도 잘 모르고 자본력도 약한 사회생활 초기부터 사업을 시작하면 실패할 확률이 높다. 잘못해서 큰돈을 잃으면 재기가 힘들 수도 있다. 직장 생활로 돈과 경험을 모아야 리스크가 적다.

정말 사업을 하고 싶다면 관련 분야에서 가장 성공한 회사에 들어가 배워서 나오는 것이 좋다. 그렇게 노하우를 배울 수 있다는 것 자체가 직장이 주는 혜택이다. 실제로 자신이 원하는 분야에서 일하다가 독립해서 성공한 분들이 많다.

회사에 올인해도 되는 사람들

세상에는 직장에 올인할 만한 뛰어난 능력을 가진 사람들이 있다. 대략 회사에서 5% 이내인 듯하다. 이들은 직장에서 승승장구하며 억대 연봉을 받기도 한다. 중요한 것은 내가 그 5%에 들어갈 수 있는지 확신할 수 있냐는 것이다.

대기업에서 인사 업무만 20년을 한 부장님과 나눈 이야기가 있다. 매년 연봉 인상을 할 때면 직원들에게 공통적인 인상률을 적용한다. 연봉 인상 철이 되면 삼삼오오 모여서 올해의 인상률에 대한 이야기를 나눈다. 그런데 정말 가치가 있는 몇몇 직원들은 회사를 상대로 연봉 협상을 한다고 한다. 연봉 협상은 주로 임원들에 한해 진행하는데, 몇몇 핵심 직원들은 인사팀이 먼저 연락해서 연봉 협상을 한다는 것이다. 또한 자신의 가치를 아는 직원들도 연봉 협상을 신청한다. 그래서 다른 직원들이 평균적으로 3~4% 인상률을 받

지금 회사를 다니고 있다면 혜택을 마음껏 누려라.
그것이 회사를 레버리지하는 방법이다.

는다고 해도 10~15% 인상률을 받기도 한다. 그 부장님과 내가 내린 결론을 다음과 같다.

> 회사에 연봉 협상을 신청할 수 있는 위치가 되면 가치가 있는 직원이다. 회사에 연봉 협상을 신청할 수 없는 위치면 대부분 가치가 없는 직원이다.
>
> 후자는 전자가 되도록 노력해야 한다: 인사팀 부장 생각
> 후자의 입장이라면 회사가 아닌 곳에서 가치를 찾을 수 있어야 한다: 내 생각

둘 중에 하나의 정답을 빠르게 선택해야 한다. 회사에서 대체 불가능한 나만의 가치를 만들거나, 회사 밖에서 나만의 가치를 만들거나. 어중간한 위치에 있으면 회사에 이용당하거나 타인에게 희생될 뿐이다. 나의 포지션을 빠르게 정하는 것이 좋다.

내 경우에는 회사에 충성하는 것이 아닌 내면의 목소리에 충성하는 삶을 살면서 더 행복하고 성공적인 인생을 만들 수 있었다. 자신이 5%에 들 자신이 없고 들고 싶지도 않다면, 회사는 그냥 옵션 중 하나일 뿐이라고 생각하는 것이 좋다. 회사는 내 삶에서 중요하지만 내 삶이 더 중요하다고 생각해야 한다. 회사에서 얻은 노동 소득은 부의 시스템을 만드는 종잣돈으로 사용해야 한다.

섣부른 퇴사는 망하는 지름길

회사를 언제 그만둘 수 있을까? 대부분의 사람들은 회사에서 나가라고 하기 전까지 회사를 다닌다. 대한민국 사회에서 해고가 자유롭지 않지만, 경쟁에서 낙오한 사람이 회사에서 오래 머무는 것도 쉽지 않은 일이다. 때문에 많은 사람들이 40대에 반강제적인 퇴직을 하게 된다. 하지만 그때가 되면 이미 나의 경쟁력은 없다. 우리는 퇴직을 미리 준비해야 한다. 퇴사를 할 수 있는 시점은 다음 두 가지 조건이 동시에 만족될 때이다.

1. 내가 하는 일에 회사가 방해되는 경우
2. 자산의 현금 흐름으로 월급 이상의 돈을 버는 경우

1번이 문제가 되지 않는데 2번이 충족되면 사실 크게 그만둘 이유가 없다. 회사를 여유롭게 다닐 수 있기 때문이다. 2번이 충족되지 않았는데 1번이 충족되면 그것은 리스크가 크다. 사람은 자신의 생활 수준을 유지하면서 살 수밖에 없기 때문이다. 경제적 자유를 이루기 위해 리스크는 지속적으로 제거해야 한다. 결론적으로 이 두 가지 조건을 충족한 뒤에 퇴사하는 것이 가장 이상적이다. 나는 준비되지 않은 퇴사가 결국 모든 것을 무너뜨린 많은 사례들을 알

고 있다. 몇 가지 사례를 참고해서 미리 조심했으면 한다.

한 직장 동료는 상사와의 불화 때문에 충동적으로 직장을 그만두었다. 그 후 주류 프랜차이즈 사업을 시작했다. 꽤 많은 권리금을 냈고 인테리어비와 시설비도 많이 들었다. 많은 직원들을 데리고 시작했지만 1년 만에 매출 부진으로 문을 닫아야 했다. 평생 모은 돈을 날리고 추가로 억대의 빚도 지게 되었다.

또 다른 직장 동료는 주식으로 큰돈을 벌었다. 30억 정도 되는 것 같다. 그는 호기롭게 회사를 그만두었다. 3개월도 되지 않아 주식 평가액의 절반을 손해 보았다. 그 후 평정심을 잃은 그는 손실을 만회하기 위해 남은 돈을 가상화폐에 투자했고 모두 날렸다. 마지막으로 아파트까지 팔아서 도전했지만 또 돈을 잃었다. 지금은 원룸을 전전하며 열악한 환경과 조건에서 일하고 있다. 연봉도 기존 직장의 절반밖에 되지 않는다.

준비되지 않은 퇴사의 결론은 이렇게 불행하게 끝나는 경우가 많다. 직장이 없기 때문에 더 조급해져서 잘못된 결정들을 반복할 확률이 높기 때문이다. 앞의 사례와 같이 직장을 그만두고 불과 1년도 되지 않아 모든 것을 잃어버리는 경우가 아니더라도 시간이 흐를수록 점점 가난해져서 직장을 섣불리 그만둔 것을 후회하게 된다. 직장은 내가 충분히 준비가 될 때까지는 기본값으로 가져가는 것이 좋다. 다시 한번 명심하자. 인생은 리스크를 줄여나가는 게임이다.

#실거주 부동산은 필수 #결국 우상향
#대지는 시간이 지날수록 가치가 오른다

부동산 소득

아직도 실거주 주택이 한 채도 없는가? 자기 소유의 실거주 부동산은 반드시 보유해야 한다. 시점에 상관없이 그렇게 해야 한다. 대부분의 사람들이 부동산 가격 하락기에는 추가 하락이 걱정되어, 부동산 가격 상승기에는 이미 오른 가격 때문에 매수하지 못한다. 부동산 매수의 정확한 시기를 찾는 것은 애초에 불가능하며, 시점을 따지다가는 매수하지 못한다.

부동산 시장은 길게 보아야 한다. 대한민국 건국 이후 집값이 일시적으로 하락한 시기는 있었어도 꾸준히 우상향해 왔다. 상승의 기울기가 너무 높으면 쉬어가기도 하고, 경제 위기가 닥치면 폭락하기도 했지만 다시 경제 성장과 함께 우상향했다. 대한민국 건국 이후가 아니라 고려, 조선 등 왕조 시대로 범위를 확장해도 마찬가지다. 사람이 사는 곳에서는 거주의 가치가 지속적으로 높아진다.

내 집 없는 부자는 없다

부동산 하락을 말할 때 대한민국 인구 위기를 언급하기도 한다. 하지만 다음의 두 가지 이유로 인구 위기로 인한 부동산 하락설은 신빙성이 없다.

1. 세대 수 증가
2. 양극화

대한민국 인구가 줄어들어도 세대 수는 증가한다. 과거에는 4인 이상의 식구가 많았다면 지금은 1~2인 가구가 계속 증가하고 있다. 출산율은 계속 떨어지지만 의료기술 발전 등으로 평균 수명이 늘어나 인구는 급감하지 않는다. 때문에 사람들이 생각하는 것 만큼 부동산 수요가 줄어드는 일은 없을 것이다.

부동산은 다른 자산과 다르게 사람이 사는 곳이다. 그렇기에 많은 사람들이 살고 싶은 곳의 가격이 높을 수밖에 없다. 모든 사람이 살고 싶어 하는 곳이나 기피하는 곳은 비슷하다. 그런 이유로 시간이 지날수록 양극화가 진행될 수밖에 없다. 대한민국 인구가 줄어든다고 해도 선호 지역에 가고 싶은 인구는 유지될 것이다. 때문에 인기 지역의 가격은 지속적으로 상승할 수밖에 없다. 물론, 인기 없는 지역은 슬럼화가 될 가능성이 크다.

지금 직장을 다니고 있다면, 부동산 담보 대출을 통해 내가 갈 수 있는 최대치의 지역으로 갈 것을 권한다. 담보 대출이 부담된다 하더라도 강제로 빚을 지는 것이 좋은 전략이 되기도 한다. 젊다면 더 열심히 살고, 더 열심히 모으게 될 것이다. 장기 대출을 받는다면 화폐 가치 하락으로 인해 갚아야 할 대출 비용의 가치가 점점 떨어질 것이므로 유리하다. 대한민국의 부동산 세금 정책은 실거주 1채에 대해서는 불이익을 주지 않는다. 시기별로 정부에서 실거주 1채 소유를 위한 지원을 하기도 한다.

물론 내가 매수하자 마자 부동산 하락기가 올 수도 있다. 하지만 다른 자산과 다르게 부동산은 내가 살고 있는 곳이다. 만약 실거주 부동산을 소유하지 않는다면 다른 부동산에 전세나 월세를 지불해야 한다. 그렇기에 어려운 시기에도 내 소유 부동산이 있다면 주거 비용이 낮아진다. 본업을 하면서 내 집에서 산다는 안정감을 바탕으로 생활하면 된다. 그렇게 살다보면 부동산 가격은 상승기를 맞이하게 된다.

생각해보면 하락기는 상승기보다 부동산 갈아타기에 더 유리한 시기이기도 하다. 꾸준히 담보 대출을 갚으면서 살아왔다고 하자. 어느 순간 하락기가 오면 나의 집뿐만 아니라 주변 모든 부동산의 가격이 하락한다. 내가 가진 부동산도 하락하지만 입지가 더 좋은 부동산과 더 넓은 평수의 아파트는 절대 금액으로 더 크게 하락한다. 하락기에는 갈아타기에 유리한 부동산 정책이 나올 가능성이 크다. 그렇다면 하락기는 더 좋은 집으로 갈아타는 좋은 기회가 될 수 있는 것이다.

역사상 가장 성공한 주식 투자자 중 한 명인 피터 린치는 부동산에 대해 이렇게 말했다.

> 우리는 주식 투자보다 집 장만을 먼저 고려해야 한다. 집은 거의 모든 사람이 어떻게든 보유하는 훌륭한 투자이기 때문이다. 하수구 근처에 지은 집이나 호화 주택가의 저택처럼 가격이 폭락하는 예외도 있지만, (십중팔구가 아니라) 100채 중 99채의 집은 돈을 벌어준다.
>
> -피터 린치, 《전설로 떠나는 월가의 영웅》 중에서

물론 이렇게 반문할 수 있다. 이미 부동산 가격이 너무 높아서 아무리 모아도 실거주 부동산을 살 수 없다고. 서울에 거주한다고 하면 평균 집값이 10억을 육박한다. 대출을 한다고 해도 최소한 5억

이상의 거금이 필요하다. 사회 초년생으로 직장 생활을 열심히 하고 월급의 대부분을 저축한다고 해도 집을 사려면 15~20년의 시간이 필요한 것이다. 이런 경우 전세를 끼고 주택을 매수할 것을 권한다. 그것도 어렵다면 최대한 눈높이를 낮춰서 적당한 부동산을 취득하자.

예를 들어보자. 내 후배는 2019년 결혼하자 마자 그동안 모아둔 돈과 신용 대출을 합쳐 전세가 끼어 있는 서울 아파트를 매수했다. 부부는 회사 근처의 투룸 오피스텔에서 월세로 지내고 있다. 신용 대출을 갚고 전세금을 마련하기 위해 알뜰하게 생활하며 부업으로 추가 수익도 거두고 있다. 후배 부부의 목표는 전세금을 마련해서 그 집에 들어가는 것이다. 물론, 그 이후에는 또 새로운 목표를 세우게 될 것이다.

그러다가 아파트 가격이 하락하면 어떻게 하냐고 반문할 수 있다. 분명히 그럴 수 있다. 하지만 하락이 무서워서 자산을 소유하지 않는다면 상승기에 평생 집을 소유하지 못하게 되는 리스크가 생긴다. 어떤 리스크가 더 무서운가? 모든 투자는 확률 게임이다. 후배는 소유하고 있는 서울 아파트가 일시적으로 하락한다 하더라도 중장기적으로는 우상향할 것이라고 생각하고 있다. 나도 그렇게 생각한다.

나는 후배가 아파트 매수를 통해 얻는 것이 많다고 생각한다. 자산 가치 상승에 대한 건전한 시각, 시간에 투자하는 투자 습관, 소비를 줄이는 소비습관은 평생을 가져갈 좋은 태도다. 이런 태도는 비단 부동산뿐만 아니라 주식 등 다른 자산 시장을 대하는 데도 좋은 자양분이 될 것이다.

네가 사는 그 집, 내가 사고 싶은 집

부동산 가격은 대지(건축할 수 있는 땅) 가격과 건물 가격으로 구성된다. 건물은 시간이 지날수록 가치가 떨어지지만 대지는 시간이 지날수록 가치가 올라간다. 그렇기 때문에 우리는 건물을 사는 것이 아니라 대지를 산다고 생각해야 한다. 아파트를 살 때도 마찬가지다. 어떤 아파트를 사든지 그 아파트가 깔고 있는 땅의 가치에 집중해야 한다.

이를 통해 우리는 좋은 입지의 구축 아파트와 떨어지는 입지의 신축 아파트 중에서 무엇을 선택할지에 대한 기준을 세울 수 있다. 나는 입지가 우선이라고 생각하기 때문에 좋은 입지의 구축 아파트를 선택할 것이다. 실제로 나는 그 기준으로 실거주 주택을 매수했고, 부동산을 갈아탔다. 좋은 입지의 아파트는 희소성으로 인해 가치가 올라간다.

입지는 변하지 않고 건물은 새로 지을 수 있다. 구축이 오래되어 안정성 등에 문제가 생기면 재건축이 진행된다. 지금은 정책에 의해 제한이 많지만, 구축 아파트가 오래되면 재건축될 수밖에 없다. 입지가 좋은 아파트는 사업성 등으로 재건축될 가능성이 떨어지는 입지의 아파트보다 높다. 수익이 남기 때문에 부동산 관련 주체들이 모두 탐낼 수밖에 없다. 반면에 입지가 떨어지는 재건축이 필요한 아파트는 시장의 선택을 받지 못할 가능성이 높다. 재건축이 되지 않고 멸실될 수도 있다는 말이다.

지역적으로 볼 때는 두 가지 전략으로 나가는 것이 좋다. 실거주는 최대한 사람들이 살고 싶어 하는 곳에 마련하는 것이 좋고, 투자 목적의 아파트는 여가를 즐길 수 있는 곳으로 고려하면 좋다. 많은 사람들이 살고 싶어 하는 곳과 여행하고 싶어 하는 곳으로 나누어서 접근하는 것이다.

미래 사회는 소수의 회사와 소수의 인재가 다수를 먹여 살리는 시대이다. 이런 사회가 진행될수록 인구는 특정 지역에 집중될 수밖에 없다. 특히 좋은 대학과 좋은 교육 여건, 좋은 직장이 몰려 있는 서울 지역에는 사람이 계속 모이고, 제조업 중심의 지방 도시들을 계속 쇠퇴할 가능성이 높다. 이미 많은 제조업체는 비용을 줄이기 위해 해외로 떠났고 앞으로도 그 흐름은 이어질 수밖에 없다.

입지는 자녀를 둔 엄마가 잘 판단할 수 있다. 남자는 논리적으로 분석하지만 여자는 본능적으로 살기 좋은 지역과 자녀를 키우기 좋은 지역을 알아본다. 당신이 남자라면 실거주 매수 시에 아내에게

물어보라. 당신이 여자라면 스스로 생각해보라. 내 가족이 어디에서 살고 싶은지. 많은 사람들이 강남을 꼽을 것이고, 그 외에도 서울의 핵심 지역을 말할 가능성이 높다.

사람들이 선호하는 지역은 비슷하다. 좋은 지역에 산다면 일자리를 구하기 쉽고, 문화를 향유하기 좋고, 치안도 좋다. 좋은 배우자를 만날 가능성이 높고, 좋은 친구를 사귀기도 쉽다. 좋은 학교가 있고, 좋은 학원이 있고, 좋은 선생님이 있어서 아이를 잘 키울 수도 있다.

잠실의 아이들은 대치동으로, 영등포의 아이들은 목동으로 라이딩을 간다. 그 지역으로 인구가 몰려드는 이유를 알아야 한다. 인구가 몰리면 부동산 가격은 우상향할 수밖에 없다. 그래서 자금 사정이 허락하는 한 최대치에서 사람들이 몰리는 곳의 부동산을 선택해야 한다.

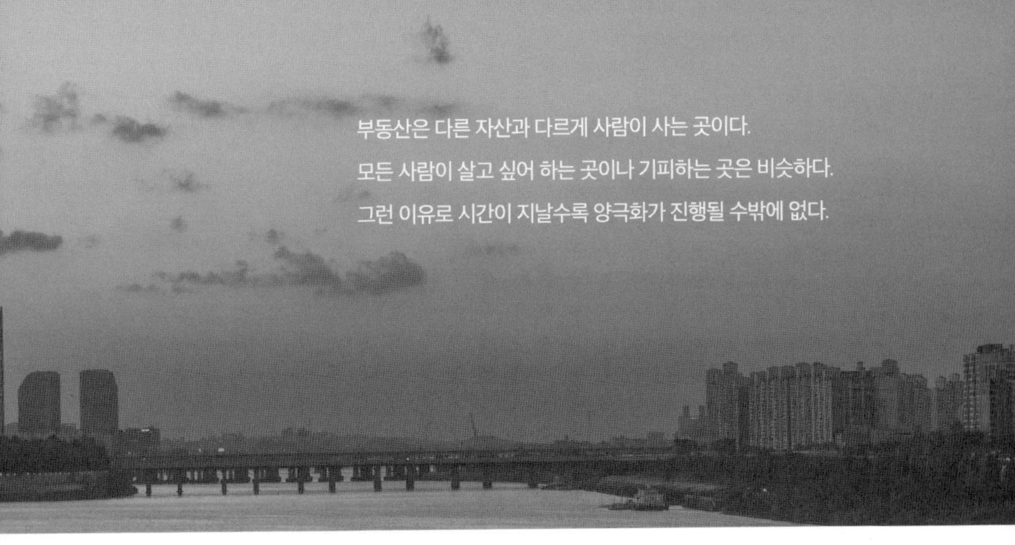

부동산은 다른 자산과 다르게 사람이 사는 곳이다.
모든 사람이 살고 싶어 하는 곳이나 기피하는 곳은 비슷하다.
그런 이유로 시간이 지날수록 양극화가 진행될 수밖에 없다.

추가 주택을 투자 목적으로 매수하는 경우에는 다른 옵션도 생각해볼 필요가 있다. 코로나로 인해 우리는 반강제적으로 여가를 경험했다. 무한 경쟁 사회의 대한민국에서 피로감이 높아지고 있는 상황이었다. 잠시 멈춤을 통해서 우리에게 휴가가 필요하다는 것을 모든 사람이 알게 되었다.

앞으로 더 많은 사람들이 바다가 보이는 휴양지에서 휴가를 즐기는 경우가 늘어날 것이다. 비단 대한민국뿐만 아니라 중국인 등 외국인들도 마찬가지다. 그래서 제주도, 부산 해운대, 동해의 주요 도시 등의 가치가 지속적으로 상승할 수 있다. 내가 서울 등의 핵심 지역에 실거주하고 있고 추가 부동산 매입을 고민한다면, 바다가 보이는 지역에 관심을 가질 필요가 있다.

내가 27살이라면 실행할 전략

만약 부동산 가격이 너무 높아서 전세를 끼더라도 실거주 1채 매수가 어렵고 눈높이도 낮추기 힘들다면, 다음과 같은 전략을 시도해보자. 자금 사정에 따라 전세를 끼고도 매수가 힘들 수 있고, 시점에 따라 매매 가격과 전세 가격의 차이가 많이 나는 시기도 발생하기 때문이다.

글을 읽기 전에 명심할 것은 실거주 1채 매수를 통한 지속적인 갈아타기 전략이 지금 설명하는 전략보다 난이도가 훨씬 낮다는 것이다. 이 전략은 많은 인내심이 필요하다.

내가 만약 27살로 돌아간다면, 돈을 많이 주는 회사에 들어갈 것이다. 투자금이 필요하기 때문이다. 물론 워라밸도 중요하지만, 나는 투자금을 모으는 데 젊은 시절 10년을 집중하겠다.

매달 실수령액의 60% 이상은 투자하겠다. 70%라면 더 좋을 것이다. 이렇게 투자하면 연애가 힘들 수 있다. 하지만 배우자를 투자 모임에서 만나면 소비도 줄고 좋은 배우자도 만날 수 있다. 주식 투자, 부동산 투자, 독서 등의 모임에서 배우자를 만난다면 인생을 사는 데 큰 도움이 된다. 같은 목표를 바라보며, 비슷한 경제관념을 가지고 함께 인생을 걷는 것은 매우 중요한 일이기 때문이다.

투자를 시작할 때는 투자 대가들의 책에 집중하겠다. 3~5권 정도만 읽으면 된다. 오래 걸리는 일이 아니다. 다만 같은 책을 여러 번 읽는 것이 좋다. 워런 버핏, 피터 린치, 하워드 막스 등 수십 년 동안 지속적으로 수익을 올린 대가들의 마인드를 머리에 때려 박아야 한다.

세계 최고의 회사들에 투자하겠다. 누가 10년 뒤에 세계 최고 회사가 될 것인지를 예측하면서 3개 정도의 회사에 매달 투자하겠다. 세계 최고 회사들은 계속 성장하고 있고 세상에서 제일 망하기 힘든 회사들이기 때문이다. 중간에 매도하지 않고 10년 동안 계속 모아간다. 지금의 시가총액 기준으로 본다면 애플, 마이크로소프트 등을 선택하겠다. 1개 회사에 집중 투자하는 것은 리스크가 있다. 하지만, 세계 최고 자리에 있는 기업들은 10년 뒤에 5~10배 이상 성장한다. 설령 1~2개 회사가 실패해도 최소 2배 이상의 성과는 거두고, 모두 성장한다면 10배 이상의 수익을 거둘 수 있다.

과거의 사례를 보자. 10년 전 애플은 세계 최고의 회사였다. 2위는 엑손모빌, 3위는 월마트, 4위는 마이크로소프트였다. 2012년 1월 3일, 애플은 14.62달러에 장을 시작했다. 2022년 1월 3일, 애플은 177.83달러에 장을 시작했다. 2012년 1월 3일, 마이크로소프트는 26.55달러에 장을 시작했다. 2022년 1월 3일, 335.35달러에 장을 시작했다.

내가 IT 업계가 유망하다고 생각해서 애플과 마이크로소프트에 동등하게 투자했다면 평균 10배 이상의 수익을 올릴 수 있었을 것이다. 하지만, 애플과 마이크로소프트가 아니라 엑손모빌과 월마트까지 함께 선택했다면 수익률이 조금 떨어진다. 엑손모빌은 10년 전과 비슷한 가격이고 월마트의 수익은 대략 2배 정도다. 이런 경우에는 전체 평균의 7배 정도로 떨어진다. 그럼에도 높은 수익을 거둘 수 있다. 배당 소득을 받을 수 있으니 수익률은 조금 더 상승할 것이다.

내가 투자하는 세계 최고의 회사 중에서 한두 개는 망할 수 있다. 그럼 수익률은 더 떨어질 것이다. 특정 회사가 망하는 리스크를 피하려면 나스닥 지수에 투자하는 것도 좋다. 나스닥의 상위 100개 종목을 모아둔 QQQ ETF에 투자하면 상대적으로 분산 효과를 통해 더 안정적으로 투자가 가능하다. 수익도 나쁘지 않다. 2012년 1월 3일 QQQ는 56.67달러에 장을 시작했고, 2022년 1월 3일 399.05달러에 장을 시작했다. 대략 7배 상승한 것이다. 결국 세계 최고 회사 4개에 균등하게 투자한 것과 비슷하다.

10년 동안 매달 이렇게 투자한다고 해보자. 부부의 연봉 실수령액을 합쳐서 5,000만 원이라고 하자. 결혼을 하지 않을 생각이라면 부업 등을 통해서 그 정도 금액을 만들자. 실수령액의 60% 정도를 모아 매년 3,000만 원을 주식에 투자해보자. 과연 10년 뒤에는 얼마가 될까? 원금으로는 3억 6,000만 원이 들어간다. 내가 모을 수 있는 돈이 매년 늘어날 것이라고 가정한다면, 10년 동안 원금으로 4억 정도를 투자하는 것도 가능하지만 이는 고려하지 않겠다. 살다 보면 돈이 들어갈 일이 많기 때문이다. 배당금까지 생각한다면 조금 더 많을 수 있지만 이 또한 우선은 없다고 생각하자. 과거 상승률을 그대로 적용하는 것은 어려울 수 있다. 상승률은 과거보다 낮을 수도 있고 높을 수도 있기 때문이다. 다운사이드와 업사이드를 동시에 고민해야 한다.

과거의 기준을 그대로 적용하고, QQQ 정도의 평균 상승률을 평균적으로 매수했다고 볼 때 약 3배의 상승을 기대할 수 있다. 그럴 경우 최소 10억 이상의 달러 현금을 손에 쥐게 된다. 조금 모자랄 수도 있고, 조금 더 많을 수도 있다. 혹시라도 운이 없게 딱 10년 뒤에 경제 위기가 온다면? 그런 경우에는 1~2년만 더 기다리면 된다. 그러면 대부분 다시 전 고점을 돌파한다.

그럼 회사를 다니고 소비를 줄이고 적립식으로 투자하면서 남은 정신적 에너지는 어디에 소비하는가? 부의 시스템을 만들어가면서 소중한 것에 집중하면 된다. 10년 뒤에 회사를 퇴직해서 무엇을 할지에 대한 고민을 하면서 다른 소득원에 하나씩 도전해보는 것이다. 10년 동안 고민했다면 이미 당신은 정답을 찾았을 것이다. 동시에 살고 싶은 부동산을 돌아다니면서 임장을 한다. 10년 동안 임장을 하면 부동산의 변화가 훤히 보일 것이다.

이렇게 달러 자산으로 10억 이상을 가지고 있다가 10년에 한 번 오는 대한민국 경제 위기 상황에서 달러를 원화로 바꾸어 환율 차익을 보고 가격이 떨어진 핵심지의 부동산을 사면 된다. 물론, 세금을 내야 하지만 절세할 수 있는 방법은 많다. 모든 자본주의 사회에는 10~20년마다 경제 위기가 발생한다. 경제 위기에는 원화 가치는 물론 부동산도 폭락하니 달러 자산 10억은 경제 위기 전 20억~30억의 부동산을 매수 가능하게 할 것이다. 이렇게 진행하면, 핵심지의 아파트를 살 수 있다. 대한민국의 자산 시장은 원화를 기본으로 하고 있기에 달러를 가지고 있으면 언제고 기회는 온다.

이 정도로 계획한다면, 높은 확률로 성공할 수 있다. 하지만, 가장 중요한 것은 계획을 철저하게 지킬 수 있느냐는 것이다. 아이디어는 누구나 생각할 수 있다. 매달 받는 월급의 60~70% 이상을 투자하고, 경제관념이 비슷한 배우자를 만나 서로를 지지하고, 세계 최고 회사들을 선택하고, 10년 동안 기계적으로 매수하고, 어떤 일이 있어도 매도하지 않는 것 등을 실행해 옮기는 것은 소수의 사람만 가능할지도 모른다. 하지만 이 글을 읽는 누군가는 그 소수에 들어갈 수 있다는 사실을 명심하자.

#차트보다 마인드 #인내심
#짧은 시간에 이루어지는 것은 없다

주식 소득

주식 투자로 부자가 될 수 있을까? 원칙을 잘 지킨다면 충분히 가능하다. 현재 미국 주식 시가총액 최상위 회사들에 10년 전에 투자했다면, 10배에 가까운 수익을 거둘 수 있었을 것이다. 이는 강남 아파트보다 훨씬 높은 수익률이다. 하지만 부동산으로 돈을 번 사람은 많아도 주식으로 돈을 번 사람은 드물다. 왜 그런지 알고 싶다면 부동산과 주식의 차이부터 이해해야 한다.

부동산이 자산 증식에 유리한 이유는 부동산의 가격 변화가 실시간이 아니며, 주식처럼 매도하기 쉽지 않은 구조이고, 설령 떨어진다고 해도 실거주하면서 버틸 수 있기 때문이다. 하지만 주식 시장은 그렇지 않다. 조금만 하락해도 대부분의 사람들은 공포에 팔아 버린다. 주식은 부동산과 달리 일부만 매도할 수 있으니 하락의 공포와 수익 실현의 욕망으로 중간에 매도할 확률이 높다. 수많은 매도의 유혹에 시달리기 때문에 장기 투자 자체가 어렵다. 하지만 이 말은 주식 투자를 부동산 투자처럼 하면 성공할 수 있고, 오히려 주식에서 부동산보다 더 높은 수익을 거둘 수 있다는 말이기도 하다.

좋은 마인드,
주식 투자의 기본

주식 투자에서는 마인드가 90%다. 사람들이 말하는 투자 실력이라는 것은 대개 시장을 읽는 법이나 그래프를 읽는 방법만을 의미한다. 하지만 투자 실력은 곧 마인드다. 좋은 마인드를 가진 사람들이 의미 있는 수익을 거두는 경우가 마인드가 좋지 않은 사람들이 거둔 수익에 비해 월등히 좋다. 좋은 마인드가 항상 성공을 부르는 것은 아니지만 주식 투자 성공 확률을 매우 높여준다. 오랜 기간 시장에서 높은 수익을 가지고 있는 사람들 대부분이 주식 투자에 대한 자신만의 좋은 마인드를 가지고 있다.

실제로 주식 시장에서 장기간 성공을 경험한 워런 버핏, 앙드레 코스톨라니, 피터 린치 등은 투자 마인드에 대해서 매우 강조했다. 그들은 주식 투자 기법에 대해 누구보다 잘 알고 있었을 테지만, 강연과 책에서 기법에 대한 말은 거의 하지 않았다. 정말 중요한 것은 숨기고 있나 보다 생각이 들 수도 있다. 하지만 내 생각은 다르다. 그들은 늘 옳을 수 있는 마인드가 옳기도 하고 틀리기도 한 투자 기법보다 우위에 있다는 것을 알기 때문에 마인드를 강조하는 것이다.

우선 대가들의 책을 집중해서 읽어보길 권한다. 주식 투자에 대한 좋은 마인드 형성을 위해 추천하는 책들을 다음과 같다. 내가 설명하는 것보다 다음의 책을 읽는 것이 훨씬 가치 있고 도움이 될 것이라고 믿는다.

《돈의 심리학》, 모건 하우절

《주식 시장은 어떻게 반복되는가》, 켄 피셔·라라 호프만스

《전설로 떠나는 월가의 영웅》, 피터 린치·존 로스차일드

《투자에 대한 생각》, 하워드 막스

《워런 버핏의 주주 서한》, 워런 버핏

리스트의 아래로 갈수록 난이도가 높으므로 맨 위에서부터 순서대로 읽어보면 좋겠다. 또한 성향이 맞는 책을 골라서 여러 번 읽기를 권한다. 여러 권의 책을 읽는 것보다 대가들이 쓴 몇 권의 책에

집중하는 것이 마인드 형성에 더 큰 도움이 될 것이다.

좋은 영상들도 많다. 특히 피터 린치와 워런 버핏의 영상을 추천한다. 피터 린치의 1994년 내셔널 프레스 클럽(National Press Club) 강연 영상과 <워런 버핏이 된다는 것(Becoming Warren Buffett)>이라는 HBO 다큐멘터리를 추천한다. 유튜브에서 검색하면 한글 자막이 있는 영상을 쉽게 찾을 수 있다. 한 번이 아니라 여러 번 보길 바란다. 다시 말하지만 주식 투자는 마인드가 90%다.

인내, 하락장을 잘 견디는 법

주식 투자 마인드의 대부분은 하락장과 연관되어 있다. 상승장에서는 모두가 돈을 버니 문제가 없다. 하지만 당신이 주식 시장에 머무는 절반의 시간은 하락장이다. 믿기지 않겠지만 정말이다. 그리고 하락이 주는 고통이 상승이 주는 기쁨의 2.5배에 해당하기 때문에 하락장이 상승장보다 훨씬 더 길다고 생각할 것이다. 어떤 회사에 투자한다고 해도 크게 차이 나지 않는다. 그 말은 곧 하락장을 잘 견디지 못하면 상승상도 누리지 못한다는 의미이다. 때문에 하락장을 견디는 방법에 대해 강조하려고 한다. 주식을 투자하다가 하락장이 오고 심리적으로 힘들어 매도하고 싶을 때마다 이 글을 읽어보면 좋겠다.

사실, 주식 투자 자체가 온갖 번뇌의 시작이다. 평소에는 그 사실을 까먹는다. 하락장이 오면 다시 생각이 난다. 평균적으로 보면 어떤 종목에 투자하든지 의미 있는 상승은 5% 이내이고, 대부분은 지지부진하거나 하락장이다. 인간은 하락의 고통을 2.5배 더 느끼기 때문에 평균적으로 매일 괴로울 가능성이 최소 2배 이상 높다.

상승장에서는 '그래, 이런 맛에 주식하지'라고 생각하지만 그런 생각을 할 수 있는 날은 1년 중 며칠도 되지 않는다. 당신이 어떤 종목에 투자한다고 하더라도 대부분의 시기는 전 고점(신고가) 밑에서 머물고, 하락과 상승이 반복되면서 괴로움에 빠질 수밖에 없다.

결국 주식 시장의 승패는 내 마음을 얼마나 잘 다스리느냐에 달려 있다. 하락장에서는 주식 시장 자체를 쳐다보지 않는 것이 좋다. 나는 한참 힘들 때 주식 앱을 지우고 한동안 시장에서 떨어져 있었다. 보유할 생각이면서 하락장에서 하락 관련 뉴스를 굳이 찾아 읽거나 주가를 실시간으로 보는 것은 자기 파괴적인 행위에 지나지 않는다. 나는 그렇게 해서 자사주로 수익률 300%를 달성하였고, 애플에 투자해서 수익률 700%를 달성했다.

똑똑한 사람이 돈을 버는 것이 아니라 믿음을 가지고 인내하는 사람이 돈을 번다. 주식도 그렇고 부동산도 그러하며 대부분의 자산 시장이 그렇다. 똑똑한 사람이 돈을 번다면 증권가, 액티브 펀드 등에서 대부분의 수익을 가져가야 하는데 그렇지 않다. 주식에서는 대부분 믿음을 가지고 인내하는 사람들이 수익을 가져간다.

그렇다고 장기 투자만 하면 어떤 주식이든 큰 수익을 볼 수 있는 것은 아니다. 종목 선정도 중요하다. 하지만 대부분의 사람들은 좋은 주식을 선택해 놓고도 온전히 동행하지 못하는 실수를 한다. 좋은 주식을 선택했다면 당신이 할 일은 오직 하나, 인내하는 것이다.

주식 투자에서 꼭 생각해야 할 것들

투자의 대가들이 한결같이 강조하는 것과 실제로 내가 주식 투자를 하면서 유용하다고 느낀 5가지를 정리하면 다음과 같다.

1. 사업하듯 투자하라

주식에 투자하는 방식은 여러 가지다. 정보에 따라 매매하거나 차트를 보고 매매할 수도 있다. 기업과 시장을 분석하여 타이밍을 찾을 수도 있고, 주식 시장의 사이클을 이용할 수도 있다. 하지만 주식 투자에서 가장 좋은 방법은 사업가 마인드로 투자하는 것이다. 세계 최고의 주식 부자들은 대부분 사업가라는 것이 강력한 증거다.

주식 투자는 아무나 할 수 있다. 하지만 사업가의 자세로 진지하게 하고 있는 사람들은 드물다. 기업을 이해하고, 기업이 속한 산업을 이해하고, 미래 시장을 예측하는 사업가 마인드를 가져야 한다. 기업의 주가를 이해하려고 하지 말고 그 시간에 회사의 경쟁력을 이해하려고 노력해야 한다.

스스로에게 질문해보자. 단 3개의 회사에만 투자할 수 있다면 어떤 회사에 투자하겠는가? 나는 이 질문이 스스로를 투기꾼이 아닌 투자자로 만드는 핵심 질문이라고 생각한다. 꼭 3개일 필요는 없지만 이렇게 제한하는 것이 도움이 된다. 만약 그렇게 생각한다면 곧 망할지도 모르는 허접한 회사에 투자할 일은 없을 것이다.

2. 최고의 회사에 투자하라

주식 시장에서 '절대'라는 것은 없다. 주가는 셀 수 없이 수많은 변수에 의해 움직인다. 주식 투자는 어떻게 보면 실수를 줄이는 게임이다. 최고의 회사에 투자하는 것이 실수를 줄이는 가장 좋은 방법이다. 회사 지분을 소유하는 데 2등 이하 회사의 지분을 소유할 이유는 별로 없다(1등이 될 것으로 예상되는 2등은 예외다). 그런 이유로 대한민국 주식은 삼성전자 이외에는 추천하지 않는다. 각 분야에서 최고 기업에 투자하는 것이 가장 안전한데, 우리나라 기업 중에 각 섹터별 최고의 기업은 거의 존재하지 않는다. 그렇기에 나는 우리나라 주식에 투자해야 할 이유가 없다고 생각한다.

세계 시가총액 상위 종목 리스트는 companiesmarketcap.com

에 접속하면 확인할 수 있다. 세계 시가총액 상위에는 대부분 미국 회사들이 자리잡고 있다.

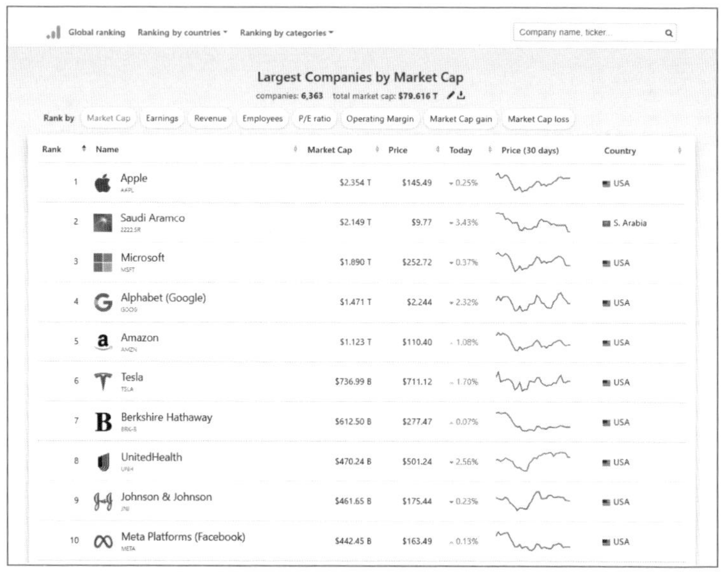
Global ranking | Ranking by countries | Ranking by categories

Largest Companies by Market Cap

companies: 6,363 total market cap: $79.616 T

Rank by: Market Cap | Earnings | Revenue | Employees | P/E ratio | Operating Margin | Market Cap gain | Market Cap loss

Rank	Name	Market Cap	Price	Today	Price (30 days)	Country
1	Apple AAPL	$2.354 T	$145.49	0.25%		USA
2	Saudi Aramco 2222.SR	$2.149 T	$9.77	3.43%		S. Arabia
3	Microsoft MSFT	$1.890 T	$252.72	0.37%		USA
4	Alphabet (Google) GOOG	$1.471 T	$2,244	2.32%		USA
5	Amazon AMZN	$1.123 T	$110.40	1.08%		USA
6	Tesla TSLA	$736.99 B	$711.12	1.70%		USA
7	Berkshire Hathaway BRK-B	$612.50 B	$277.47	0.07%		USA
8	UnitedHealth UNH	$470.24 B	$501.24	2.56%		USA
9	Johnson & Johnson JNJ	$461.65 B	$175.44	0.23%		USA
10	Meta Platforms (Facebook) META	$442.45 B	$163.49	0.13%		USA

사이트 메뉴에서 'Ranking by categories'를 선택하면 섹터별로 최고의 회사들을 확인할 수 있다. 섹터와 상관없이 모든 섹터에서 시가총액이 가장 높은 회사에 투자하거나 확신이 드는 섹터에서 시가총액이 가장 높은 회사를 투자 대상으로 고려하라. 그들은 이미 시장의 선택을 받았다. 시장의 선택을 받고 있는 회사에 투자하는 것이 가장 안전한 선택이며 가장 최선의 선택이다.

추가로 누가 운영하는지도 면밀히 살피길 바란다. 내 돈을 맡기는 대상은 회사이지만 그 회사는 CEO에 의해 운영된다. 어떤 CEO에 의해 운영되고 있는지는 꼭 고려 대상이 되어야 한다.

나는 개인적으로 창업자가 운영하는 회사를 선호한다. 지난 50년간 가장 높은 수익을 보인 주식들 뒤에는 훌륭한 창업자 CEO가 있었다. 애플의 스티브 잡스, 구글의 래리 페이지, 마이크로소프트의 빌 게이츠, 아마존의 제프 베조스 , 스타벅스의 하워드 슐츠, 버크셔 해서웨이의 워런 버핏, 테슬라의 일론 머스크 등을 예로 들 수 있다.

3. 내가 부족하니까 좋은 자산을 모아라

항상 나보다 좋은 자산을 모아야 한다고 생각하면 투자에 도움이 된다. 그렇게 생각하면 확신을 가지고 투자할 수 있다. 나보다 좋은 자산, 내가 다니는 회사보다 좋은 자산, 내가 아는 어떤 회사보다 좋은 자산에 투자한다고 생각하고 투자 대상을 선정한다.

주식이 하락 사이클을 타면 많은 사람들이 주식이 떨어질까 걱정한다. 하지만 자산 시장이 무너지면 가장 경쟁력을 잃는 것이 나 자신이라는 것을 알아야 한다. 실제로 1997년 IMF 사태나 2008년 금융 위기 때 가장 피해를 본 것은 평범한 직장인들이었다. 자산 시장이 하락하면 그 시간에 나의 경쟁력을 걱정하자. 본업 등에서 내 경쟁력을 더 확보할 수 있는 계기로 삼자.

위대한 기업은 스스로 위기를 극복한다. 주가로 제자리를 찾아가고 전 고점을 돌파하게 되어 있다. 연예인 걱정은 하지 말라는 말이 있다. 당연히 위대한 기업도 걱정할 필요가 없다.

4. 장기 투자하라

주식 투자는 종목 선택이 10%, 회사와 동행이 90%다. 회사와 동행한다는 말은 주식을 오랜 기간 보유한다는 의미다. 사고파는 것이 아니다. 주식을 보유하는 동안의 인내심이 주식 투자의 핵심이다.

내 주변에서 주식으로 돈을 번 사람들은 전업으로 단기 투자를 해서 큰돈을 만든 사람들이 아니다. 대부분 주식을 소유하고 있다는 사실 자체를 잊고 생활한 사람들이다. 우리 회사에서 다달이 주식을 사 모으던 사람들이 그렇다. 매번 일정 금액이 자사주로 빠진 월급을 받으니 자사주 자체를 잊고 살았고, 퇴직 시 5억~10억을 받았다. 내가 아는 사업가는 남는 현금을 모두 우량 주식에 넣고 10년 이상을 놔두더니 몇십억으로 불어난 돈을 벌게 되었다. 아이들에게 우량주를 모아준 분들도 그렇다. 10~20년 뒤에 아이들 계좌의 돈은 목돈이 되어 있었다.

장기 투자가 유일한 성공의 방법은 아니지만, 그게 유일한 성공의 방법이라고 생각하는 것이 성공의 확률을 높여줄 것이다. 트레이딩으로 성공하는 투자자도 있겠지만 극소수라고 생각해야 한다.

이 책을 읽는 대다수가 그 사례에 해당하지 않을 것이라는 것을 미리 알아야 한다. 주식 시장에서 성공하는 방법은 실수를 최대한 줄이는 것이다. 시장을 생각하지 않으면 실수를 줄일 수 있다.

추가로 매수 시점부터 매도 시점을 생각해야 한다. 처음 투자는 반드시 최소 3년은 해야 한다. 처음 투자의 경험부터 인내심을 만들어두지 않으면 평생 제대로 투자할 기회를 잃을 수도 있다. 그럴 자신이 없으면 내 집 마련으로 투자를 시작해야 한다.

또한, 주식은 중간에 50%가 하락해도 괜찮을지 미리 판단하고 진행해야 한다. 만약 내가 투자한 이후 50% 하락이 왔을 때 나의 생존에 문제가 있다면 투자하면 안 된다. 주식은 여유 자금으로 해야 한다. 나에게 필요한 자금으로 투자한 경우에는 하락을 맞을 때마다 손해를 보고 매도할 수밖에 없을 것이다. 미국의 금융전문가 존 로스차일드는 이렇게 말했다.

"가장 승산 높은 회사의 주식을 매입했을 때 최선의 결정은 팔아치우지 않는 것이다."

내가 보유한 주식을 매도할 시점은 그 회사의 성장 스토리가 깨지기 시작했을 때가 유일하다는 것을 명심해야 한다.

5. 분산 투자하라

분산 투자를 하는 이유는, 위험을 분산하는 것도 있지만 수익도 분산한다는 사실 때문이다. 때문에 분산 투자가 수익률을 높이는 최선의 전략은 아니다. 하지만 주식 투자에서 가장 중요한 것이 잃지 않는 것이라는 워런 버핏의 말을 기억한다면 위험을 분산하는 것이 현명한 행동이다.

다만, 같은 자산 간의 분산 투자는 위험을 크게 분산시키지 못한다. 예를 들어, 애플과 마이크로소프트, 아마존에 분산 투자를 했다고 하자. 특정 종목이 기업 이슈로 하락하는 리스크는 분산할 수 있겠지만, 시장 자체가 빠지는 리스크는 분산하지 못한다. 주식 시장은 주기적으로 20~30%씩 하락하기도 한다.

때문에 진정한 의미에서의 분산 투자는 성격이 다른 자산과의 분산 투자이다. 주식에서 찾는다면 성장주와 배당주가 있을 것이며, 성격이 다른 자산군으로는 부동산, 사업체 등이 있을 것이다. 화폐 베이스로는 원화, 달러, 엔화 등이 있으며 가상화폐도 고려할 수 있다. 주력으로 투자하는 자신은 있겠지만 일정 수준의 분산은 가져가는 것이 좋다.

주식 투자에서 반드시 피해야 할 것들

어쩌면 주식 투자에서 해야 할 것보다 하지 말아야 할 것에 더 집중하는 것이 도움이 될지도 모른다. 워런 버핏은 주식 시장의 제1원칙으로 절대로 돈을 잃지 말라고 했다. 제2원칙은 제1원칙을 잊지 마라는 것이다. 대부분의 사람들은 잘못된 선택을 반복하면서 돈을 잃는다. 다음은 우리가 흔히 하는 실수들이다. 이것만 잘 기억해도 크게 실수하는 일은 없을 것이다.

1. 주식 시장을 멀리하라

주식 투자를 하는데 주식 시장을 멀리 하라니, 이해가 안 될 수 있다. 그러면 이렇게 반문해보자. 주식 시장을 가장 잘 아는 액티브 펀드와 관련 애널리스트들의 성적이 가장 좋은가? 전혀 그렇지 않다. 주식 투자의 성과와 시장의 이해도는 거의 관련 없다는 수많은 사례들이 있다.

피터 린치는《전설로 떠나는 월가의 영웅》에서 이렇게 말했다.

> 시장은 투자와 아무 상관이 없다. 이 한 가지만 당신에게 이해시키더라도, 이 책은 제값을 다한 셈이다. 내 말을 믿지 못하겠다면, 워런 버핏의 말을 믿어라. 그는 이렇게 썼다. "내가 아는 한 주식 시장은 존재하지 않는다. 누군가 바보 같은 제안을 하고 있는지 참고삼아 살펴보는 장소에 불과하다."

미래를 예측할 수 있는 사람은 없다. 역사를 살펴봐도 그렇다. 한두 번 정도 맞춘 사람은 있을 수 있다. 그것도 우연인지 아닌지 구분하기는 힘들다. 원숭이 1,000마리에게 주식 투자를 시켜서 1등을 뽑았다. 당신은 그 1등을 따라서 투자하겠는가? 아닐 것이다.

주식 투자를 할 때 대부분은 이미 가격에 반영되어 있다고 생각하는 것이 편하다. 호재든 악재든 모두 시장가에 포함되어 있다. 그래야 큰 실수가 없다. 이런 마인드를 기반으로 시세 차익이 아닌 시간에 투자하는 것이다. 시장과 친해지기보다 기업과 친해지도록 노력해야 한다. 이런 사고가 훈련되면 워런 버핏과 피터 린치가 말한 것과 같이 주식 시장은 존재하지 않는다고 생각할 수 있게 된다.

2. 과도한 레버리지를 피하라

레버리지는 양날의 검이다. 레버리지가 나의 자산을 불릴 수 있지만 모든 것을 날릴 수도 있다. 항상 위험은 자신이 무엇을 하는지 모르는 데서 온다는 것을 이해해야 한다. 내 주변의 투자자들 대부분은 레버리지로 모든 것을 잃었다. 워런 버핏은 다음과 같이 말했다.

> 가지고 있지도 않고 필요하지도 않은 돈을 벌기 위해서 그들은 자신이 가진 것, 필요한 것을 걸었다. 이는 바보 같은 짓이다. 그냥 순전히 바보 같은 짓이다. 당신에게 중요하지 않은 무언가를 위해 당신에게 중요한 무인가를 건다는 것은 그냥 말도 안 되는 것이다.

투자는 보수적으로 해야 한다. 모든 것을 잃어버리면 기회는 다시 없다. 과도한 레버리지는 모든 것을 빼앗아 간다. 특히나 주식에서 레버리지는 최소화할 필요가 있고, 아예 레버리지를 쓰지 않는 것도 추천한다.

3. 한 방을 노리지 마라

짧은 시간에 이루어지는 것은 없다는 것을 명심하자. 만약 짧은 시간에 이루어지는 것이 있다면 그것은 사기이거나 매우 운이 좋은 경우이다. 이런 경우에서 벗어나 정상적이거나 평균적인 범주에서 보았을 때 모든 성과나 성공은 시간이 필요하다.

또한 투자에서는 가장 저점에서 사고 가장 고점에서 팔려고 하지 마라. 그것은 불가능하다. 워런 버핏과 같은 대가도 그런 시도를 하지 않는다. 그런 시도를 하려다 오히려 큰 실수를 하는 경우가 더 많다. 시장을 예측하는 것을 불가능하다는 것을 기본값으로 가져가는 투자자는 시행착오를 줄일 수 있다.

4. 이해하지 못하는 것에는 투자하지 마라

워런 버핏의 영혼의 파트너 찰리 멍거는 다음과 같이 말했다.

> 투자 게임이란 남들보다 미래를 더 잘 예측하는 게임이다. 그러나 모든 것을 예측하려는 것은 가능하지도 않고 그것은 욕심이다. 그래서 한 가지 방법은 자기 능력의 영역을 제한하는 것이다. 자신이 잘 알

고 있는 분야로 집중해서 예측하는 것이 중요하다.

이해하지 못하는 것에 투자하지 않아야 하는 이유는 스스로 확신을 가질 수 없기 때문이다. 확신이 없는 투자는 주가의 변동성에 의해 희생되게 되어 있다. 회사에 확신이 없으면 그 회사와 동행할 수 없고 어려운 시기를 견딜 수 없다. 사업 모델이 이해되지 않는 곳에 투자하지 말고 이해할 수 있는 회사에 투자하라.

5. 주식 투자하는 것을 주변에 알리지 마라

흔히들 이런 실수를 한다. 자신이 주식 투자하는 것을 주변에 알린다. 하지만, 오프라인에서는 주식 투자하는 것을 말하지 않는 게 좋다. 주식 투자를 한다는 것은 기본으로 타인에게 나의 포지션을 공개하는 것이다. 돈을 벌면 부러움을 사고 돈을 잃으면 비웃음을 산다. 어느 경우든 나에게 좋은 것은 하나도 없다.

주식 투자를 한다고 하면 주변에서는 당신이 부자라고 생각하고 시기와 질투를 한다. 회사에서는 "너는 주식으로 돈을 벌었으니 이런 것은 양보해." 같은 말도 안 되는 대우를 하기도 한다. 돈 없는 가장한테 진급 기회를 먼저 주어야 한다는 논리를 목격한 적도 있다.

당신이 주식으로 돈을 벌고 있다고 해도 그것이 현금 부자를 의미하지는 않는다. 돈은 계좌에 있고 주식 가격은 언제나 변동할 수 있다. 그럼에도 주변 사람들은 당신이 부자인 줄 알고 금전적인 부탁을 할 수 있다. 부탁을 들어주면 당신은 가난해지고 들어주지 않으면 사람을 잃을 수 있다. 내 경우에는 주식으로 돈을 벌었다고 하니 10년째 연락 없던 사촌 형이 돈을 빌려 달라고 연락을 해왔다.

하락장이 시작되면 어떻게 될까? 주변 사람들이 위로의 말을 한마디씩 던진다. "힘내." 그런데 이런 말은 전혀 도움이 되지 않는다. 힘든 사람한테 와서 이렇게 말하는 것처럼 무책임한 것도 없다. 이것은 위로도 아니고 지지도 아니다. 많은 경우 그 뒤에 비웃음과 안도가 있다는 것을 우리는 안다.

당신 뒤에서는 수많은 뒷담화가 벌어지기도 한다. 모 과장이, 모 차장이 주식 투자를 해서 돈을 잃었대. 술자리에 등장하는 그런 이야기들에 사람들은 서로에게 '나는 잘 살고 있구나' 하는 안도의 미소를 보낸다. 최악의 경우, 나를 따라 투자를 시작한 지인이 '너 때문에 돈을 잃었다'고 말한다. 내가 투자하라고 추천하지 않았어도 마음은 무거워진다.

6. 절대 전업하지 마라

이미 충분한 돈이 있어서 돈을 잃어도 생활이 가능한 경우를 제외하고는 전업 투자를 하지 않는 것을 권한다. 주변을 보면 직장을 다니다가 투자로 돈을 많이 벌어서 월급을 하찮게 여기는 경우가 있다. 이렇게 쉽게 돈을 벌 수 있는데 직장을 왜 다녀야 하나 생각할 수 있다. 이에 직장을 그만두고 전업으로 나선다. 그런데 시장 상황이 계속 좋으리라는 보장이 없다. 직장을 다닐 때의 현금 흐름이 없어 투자를 통해 생활비를 충당해야 하니 단기간에 높은 수익을 올려야 하고 이는 부담이 된다. 결국 투자에서 실수를 거듭하게 만들어 투자도 무너지고 생활도 무너진다. 직장을 그만두더라도 꼭 자신의 일을 하면서 주식 투자를 해야 한다.

7. 타인의 상승을 부러워하지 마라

모든 고통의 시작은 비교에서 나온다. 한 종목에 꾸준히 투자하지 못하는 이유 중 하나는 다른 종목의 상승이 부럽기 때문이다. 하지만 부러운 순간 다른 종목의 주식은 고점을 형성하는 경우가 많다. 주식 시장에서 영원한 상승과 하락은 없기 때문이다. 남들과의 비교를 통해 장기 투자를 못하게 되고 옮겨 다니면서 스스로 수익을 갉아 먹는다.

오히려 너그러운 마음을 가지는 것이 도움이 된다. 남의 상승을 축하해주자. 어차피 영원한 상승도 하락도 없기 때문에, 타인이 수익을 보고 있다고 하면 귀한 기회이다. 타인의 돈도 소중히 생각하라. 그러다 보면 당신의 수익률도 상승할 것이다. 이런 여유로운 마음이 주식 장기 투자에는 필요하다.

이해하지 못하는 것에 투자하지 않아야 하는 이유는 스스로 확신을 가질 수 없기 때문이다. 확신이 없는 투자는 주가의 변동성에 의해 희생되게 되어 있다.

#자신을 알릴 수 있는 가장 좋은 방법
#매일 꾸준히 #중간에 포기하지 않으면 상위 10%

콘텐츠 소득

호랑이는 죽어서 가죽을 남기고 사람은 죽어서 이름을 남긴다. 사람은 자아를 실현시키고자 하는 욕구가 있다. 그렇기 때문에 자신의 존재를 남기고 싶어 한다. 이런 고차원적인 욕구가 아니라 생존 욕구 및 경제적인 욕구를 위해서라도 콘텐츠 소득은 매우 중요하다고 할 수 있다.

내가 책의 서두에서 공유한 그래프가 있다. 미래의 상위 계급은 기술과 주식을 보유한 기업인과 인기 정치인 및 연예인과 같은 인플루언서로 구성된다. 평범한 사람도 위에서 언급하는 2계급의 한

축에 들어갈 수 있는 방법 중 하나가 바로 콘텐츠 소득을 만드는 것이다. 평범한 사람이 자신을 알릴 수 있는 가장 좋은 방법은 콘텐츠를 통해 다수와 소통하는 것이기 때문이다.

나를 알리고 가치를 높이는 길

유튜브 스타, 웹툰 작가, 소설가, 강연자 등이 그렇다. 이들은 모두 방식만 다를 뿐 각자의 콘텐츠로 사람들과 소통한다. 그들을 따르는 팬들이 늘어날수록 그들의 영향력은 커지고 더 큰 가치가 창출된다. 그들은 팬들이 필요로 하는 가치를 제공함으로써 소득을 얻는데, 이는 기업이 제품과 서비스를 제공하고 충성 고객을 얻는 것과 마찬가지다.

《타이탄의 도구들》의 저자 팀 페리스는 진정한 팬 1,000명을 확보하라고 말했다. 물론, 1,000명의 구독자를 모으는 것은 쉽다. 여기서 말하는 1,000명은 열성적인 팬이다. 1,000명의 열성적인 팬을 모을 수 있다면 당신은 무엇을 하든 성공할 수 있을 것이다. 1,000명의 팬이 당신의 서비스를 10만 원치 구매하면 1억이 된다. 1,000명의 열성 고객은 당신이 만든 제품과 서비스를 주변에 적극 홍보하기도 한다. 그렇게 보면 1,000명은 결코 적지 않다.

1,000명의 진정한 팬을 모을 수 있는 방법은 무엇일까? 어떤 플랫폼을 사용하고, 어떤 방식과 주제를 선택해야 1,000명의 팬이 모일 때까지 꾸준하게 콘텐츠를 제작할 수 있을까? 콘텐츠 소득에서 가장 중요한 것은 내가 꾸준하게 할 수 있느냐는 것이다. 주식이나 부동산은 일단 투자만 해놓으면 알아서 굴러가지만, 콘텐츠는 내가 계속하지 않으면 중단된다.

평범한 사람이 할 수 있는 가장 좋은 방법으로는 블로그 글쓰기와 전자책 쓰기를 통해 소득을 얻는 것이다. 블로그와 전자책을 통해 나를 세상에 알리면서 자신만의 영향력을 만들어보길 바란다. 다만 글쓰기를 정말 싫어한다면 유튜브 등의 영상 베이스나 인스타그램 등의 사진 베이스로 시작하는 것도 추천한다. 나에게는 블로그 글쓰기가 적합했기에 이를 예시로 든 것뿐이다.

꾸준히 매일 써라, 블로그 소득

블로그를 시작할 때는 네이버 블로그로 시작힐 것을 추천한다. 네이버는 전 국민이 사용하는 플랫폼이라서 처음 시작하는 사람도 구독자를 모으기에 유리하다. 내 경험으로 보면 블로그를 1년 정도 진정성 있고 꾸준한 방식으로 운영하면 월

소득 100만 원이 가능했다. 그런 방식으로 5년 이상 운영한 사람들 중에는 월 500만 원 이상의 소득을 거두는 사람들도 있었다. 어떤 사람들은 여러 개의 블로그를 동시에 운영하기도 한다. 이 책에서는 지면 관계상 블로그 운영에 대한 노하우를 충분히 다루지 못한다. 관련 책을 찾거나 나의 블로그를 방문해서 블로그 운영 노하우에 대한 글을 보면 도움이 될 것이다.

블로그 운영에서 가장 중요한 것은 실천이다. 좋은 방법을 알아도 실천하지 않으면 소용이 없다. 네이버 블로그를 운영하지 않고 있다면 지금 당장 네이버 블로그를 개설하고 무엇이든 적어보자. 매일 하나씩 포스팅을 해보길 바란다. 자신과 약속하고 매일 하는 것이다. 그것조차 못하면 인생에서 이룰 것은 없다고 보면 된다.

다음은 블로그 운영의 대표적인 장점들이다. 블로그를 운영해본 사람이라면 공감할 만한 내용들이다.

1. 생각이 깊어진다

요즘 세상에 직장인의 생각을 깊게 할 도구는 거의 없다. 블로그를 매일 쓰면 자동으로 생각이 깊어질 수밖에 없다. 무언가를 읽어야 하고 그것을 글로 생산해내야 하기 때문이다. 물론 생각 없이 정보성 글을 취합하는 큐레이션을 전문으로 해서 블로그를 키우는 방법도 가능하지만, 그것조차 자료를 취합하고 구성하는 능력이 필요하다.

2. 좋은 습관을 키우게 된다

부자가 되기 위해서는 반복하는 습관이 중요하다. 매일 반복하는 좋은 습관은 인생에 큰 도움이 된다. 블로그 글을 올리는 간단한 행동은 매일 자신의 의지대로 살 수 있는 힘을 준다. 실제로 나도 블로그 글을 올리면서 반복적인 습관을 키우는 연습을 했다. 블로그 글을 쓰면서 부자가 되는 연습을 한다고 생각하면 어떨까?

3. 수익 창출이 가능하다

블로그에는 광고를 달 수 있다. 블로그 글이 사람들에게 노출되고 사람들이 내 블로그에 달린 광고를 보면 네이버 애드포스트로 수익이 만들어진다. 서두에 이야기했듯이 수백만 원의 돈을 버는 것도 가능해진다. 직장인으로서는 훌륭한 부업이 된다.

글을 쓰게 되면 소비를 할 시간이 줄어들고, 돈도 버니 일석이조다. 비용 없이 재테크에 도움이 되는 것은 많지 않다. 마치 부동산 중개소에 가서 몇 시간씩 앉아서 정보를 들으며 커피를 얻어먹는 것과 같다. 그 시간 동안 다른 소비는 안 하고 정보는 늘어나니 일석이조라 할 수 있다.

4. 플랫폼 확장이 가능하다

블로그 이웃이 늘어나면 확장이 가능하다. 다른 플랫폼으로 확장할 수 있고, 내가 파는 물건이나 서비스도 소개할 수 있다. 나도 블로그 운영을 하다가 인스타그램을 시작했는데 이웃 1,000명을 모으는 데 일주일이면 충분했다. 능력이 된다면 유료 강연이나 컨설팅 등도 가능하다.

5. 영향력이 생긴다

팬이 생긴다는 것은 현대 사회에서 매우 중요하다. 대부분의 부자는 부동산 주식을 보유한 자산가이거나 정치인, 연예인 등의 인플루언서이다. 전자는 자산을 보유하고 있고 후자는 팬을 보유하고 있다. 팬을 보유하고 있다는 것은 돈을 만들 수 있다는 것을 의미하기도 한다.

6. 종이책을 낼 수 있다

블로그 글쓰기를 꾸준히 하다보면 책도 낼 수 있게 된다. 이 책에 실린 대부분의 글도 그동안 블로그에 올린 글들을 기반으로 재구성한 것이다. 아무것도 없는 상태에서는 글이 나오기 힘들다. 블로그 글만 잘 조합하고 편집해도 좋은 책이 탄생할 수 있다. 무엇이든 짧은 시간 안에 만들어지는 것은 거의 없다는 것을 명심하라.

7. 세상을 이해한다

영향력이 커지고 팬이 많아지면 다양한 댓글이 달린다. 댓글을 보면서 배울 수 있다. 악플도 달리는데, 이 또한 사람에 대해 이해할 수 있는 근거가 된다. 사람은 사회적인 동물이라서 대면해서는 본심을 이야기하지 않는다. 악플을 통해서 사람의 내면을 이해할 수 있는 기회로 삼을 수 있다.

8. 리스크가 없다

블로그 글을 쓰는 데는 돈이 들지 않는다. 시간은 들지만 그것은 자기계발의 일부라고 생각할 수 있을 것이다. 이처럼 리스크가 없는 것은 거의 무조건 도전할 필요가 있다.

누구나 블로그 운영을 잘할 수 있는 것은 아니다. 어느 분야에서나 마찬가지로 소수의 사람만이 영향력이 있는 위치를 차지한다. 당신이 그 소수의 위치에 들어갈 수도 있다. 당신의 블로그를 위한 몇 가지 간단한 팁을 소개한다.

1. 매일 글을 쓴다. 10명의 블로거 중 매일 글을 쓰는 경우는 1~2명에 불과하다. 블로그를 시작하면 1년 동안 매일 쓰자. 그것만으로도 상위 20%에 들어갈 수 있다.
2. 콘텐츠는 가급적 동일 주제로 쓰는 것이 좋다. 이웃이 꾸준히 방문하는 가장 큰 이유는 애초에 방문하게 만든 관심사가 계속해서 충족되기 때문이다. 이웃의 관심을 충족시키기 위해서는 동일한 주제의 글을 계속 올려야 한다.
3. 초반에는 다른 곳에 가서 나를 알릴 필요가 있다. 이웃이 어느

정도 늘어나면 이웃들이 나의 글을 홍보해줄 수 있지만, 초반에는 글을 보는 사람이 거의 없다. 이때는 동일한 관심사를 가진 대형 카페에 가서 나의 글을 홍보한다. 또한, 롤모델이 되는 대형 블로그에 가서 댓글을 다는 것도 좋다. 초반에는 이런 방식으로 블로그를 노출시키려는 노력이 필요하다.

4. 글이 부족해 보인다고 못 올리는 사람들이 있다. 처음에는 부담 없이 쓰고 올리자. 매일 글을 쓰면서 글의 질을 높이는 것이 처음부터 잘 쓰는 것을 목표로 글을 못 올리는 것보다 훨씬 낫다. 사람은 매일 하는 것을 더 잘하려고 노력하게 되어 있다. 사람들은 어차피 처음에는 당신의 글을 거의 안 보니 부담 없이 글을 올리자.
5. 기본으로 네이버 블로그 운영에 대한 지식은 필요하다. 관련 책을 보고 감을 잡자. 사람들이 많이 찾는 블로그의 운영 방식을 보는 것도 좋은 방법이다. 하지만 가장 중요한 것은 좋은 글을 꾸준히 쓰는 것이다. 결국은 사람과 만나는 일이고 당신의 진심이 가장 중요하다는 것을 잊지 말자.

제약 없는 자유로움, 전자책 소득

지금은 누구나 전자책을 만들 수 있는 시대다. 아직 전자책을 만들어보지 않았다면 꼭 시도해보길 바란다. 전자책을 쓰는 방법은 책을 보고 배우는 것이 가장 좋다. 내 블로그에도 작성해둔 별도의 자료가 있으니 전자책을 쓰고 싶다면 참고하면 된다. 여기에서는 전자책 쓰기의 장점에 대해서만 언급하겠다.

1. 돈이 들지 않는다

전자책의 가장 큰 장점은 비용이 들지 않는다는 것이다. 모든 장점 중에서 가장 압도적이다. 당신은 전자책을 쓰면서 손해 볼 것이 전혀 없다. 당신의 시간이 사용되지만 이 또한 유익한 시간이 될 것이라고 장담한다.

2. 마진율이 매우 높다

모든 상품과 서비스에는 판매비용이 발생한다. 1만 원짜리 제품을 판매한다고 해보자. 중국에서 5,000원짜리 제품을 주문해서 3,000원의 부대비용(배송료, 포장비)을 사용하고, 플랫폼과 국가에 수수료와 세금으로 1,000원을 지불한다고 하자. 그러면 남는 돈은 고작 1,000원 정도다. 1만 원짜리 제품을 팔았는데 고작 1,000원이 남는다. 유형 제품을 판매하면 이렇게 큰 비용이 발생한다.

하지만 전자책은 그렇지 않다. 1만 원짜리 제품을 팔았다면, 플랫폼 수수료와 세금을 제외한 9,000원의 마진이 남게 된다. 같은 1만 원짜리를 판매했는데도 제품을 판매한 것에 비해 9배나 많은 돈을 벌게 된다. 지식을 팔면 제품을 파는 것보다 월등히 높은 수익을 올릴 수 있다.

3. 아이디어의 제한이 없다

전자책을 통해서는 무엇이든 팔 수 있다. 팔 수 있는 종류의 제한이 없다. 하지만 물건을 판다면 이야기가 달라진다. 제조업체를 찾아야 하고 계약을 해야 한다. 이 과정을 거친 후에는 판매 도중에 원가가 오를 수도 있고 재고가 없을 수도 있으며 품질에 문제가 생길 수도 있다.

전자책을 판매하면 이런 문제에서 해방된다. 세상에는 수많은 지식과 가능성이 있다. 당신이 조합하고 당신의 경험을 넣어 재정의해서 판매하면 되는 것이다. 원가가 오를 수도 없고, 재고 문제가 없고, 품질도 당신이 모두 관리할 수 있다. 또한 전자책에 사용될 수 있는 아이디어는 무궁무진하다.

4. 언제든 수정이 가능하다

전자책은 제품에 비해 언제든 수정이 가능하다. 종이책은 업데이트하는 것이 어렵다. 판매된 것은 더 이상 업데이트를 할 수 없고, 판매할 것도 업데이트를 하려면 시간과 노력과 비용이 든다. 전자책은 고객과 연결된 링크에 지속적으로 업데이트가 가능하여 생산자와 소비자를 동시에 만족시킬 수 있다.

5. 경쟁자가 적다

전자책을 파는 사람이 적을까, 유형 상품을 파는 사람이 적을까? 아직은 전자책을 파는 사람이 압도적으로 적다. 상품을 파는 것은 오랫동안 인간이 해온 일이고 익숙한 일이라서 공급자가 많을 수밖에 없다. 전자책을 한 번이라도 제대로 팔아본 사람, 특히 지금도 꾸준히 팔고 있는 사람의 수는 한정적이다.

6. 가격 탄력성이 크다

하나의 제품에는 기대되는 가격이 있다. 온라인의 발달로 인해 비교군도 많고 비슷하거나 같은 제품도 많기 때문이다. 반면, 지식은 무한해서 같은 전자책이란 존재하지 않는다. 비교할 것이 없으니 비교적 공급자가 원하는 가격을 설정할 수 있다. 또한 종이책의 경우, 책을 한번 펴내면 가격을 수정할 수 없는 데 반해 전자책은 언제든지 가격을 수정할 수 있다.

7. 지속적인 수익이 가능하다

한번 써놓으면 홍보가 되고 우호적인 댓글이 형성된다. 해당 사이트에서 지수가 올라가면 노출과 신뢰도도 높아진다. 시간이 지나면 마치 건물로 월세를 받는 것과 마찬가지로 지속적인 매출이 발생한다.

8. 확장이 용이하다

전자책을 한 권만 성공시킨 사람은 없다. 한 권을 성공하면 여러 권을 쓰게 된다. 이미 익숙해진 노하우로 지속적인 창작이 가능하며, 종이책이나 강의 등으로 확장도 가능하다.

9. 자기계발이 된다

전자책도 엄연히 책이다. 하나의 책을 쓴다는 것은 결코 쉬운 일은 아니다. 스스로 공부하고, 자신의 경험을 녹여내야 한 권의 전자책이 나온다. 창작 과정을 통해 얻는 지식과 노하우도 수익과 별개로 큰 가치가 있다.

10. 시간과 공간의 제약이 없다

전자책 파일의 특성상 각종 스마트기기(스마트폰, 태블릿, 데스크탑 등)에 넣어두고, 언제 어디서든 수정이나 열람이 가능하다. 만약 전자책의 주제가 실용이나 기술 분야라면 현장에서 바로 펼쳐보며 참고할 수도 있다.

참고로, 전자책을 블로그에서 홍보할 수 있다. 네이버 스마트 스토어에서 판매하면 전자책의 플랫폼 수수료도 크몽이나 탈잉에 비해 훨씬 저렴하다. 앞에서 추천한 네이버 블로그와 전자책 판매를 동시에 진행하여 시너지를 내는 것을 추천한다. 전문가 포지션과 수익이라는 두 마리 토끼를 잡을 수 있을 것이다.

가장 중요한 것은 중간에 포기하지 않는 것이다. 내가 아는 10명 중 9명은 중간에 포기했다. 당신이 내가 아는 10명 중 1명이 되길 바란다.

#리스크를 최소화하는 전략
#부업의 세계 #최소한의 비용으로 시작하자

사업 소득

직장인으로서 사업 소득을 추구한다면, 돈이 크게 필요 없는 사업으로 시작하길 바란다. 당신이 주식과 부동산을 하고 있다면 이미 충분히 리스크에 노출되어 있으므로 굳이 사업을 통해 추가적인 리스크에 노출될 필요가 없다. 본업과 콘텐츠 소득 모두 리스크를 최소화하는 방법이듯이 사업 소득의 리스크도 최소화하는 전략이 필요하다. 이렇게 구성한다면 총 5개의 소득이 서로 시너지를 낼 수 있을 것이다.

사업,
망하기 딱 좋은 도전

사업은 태생적으로 리스크가 가장 크다. 직장을 그만두고 술집, 음식점, 프랜차이즈 등의 사업을 시작해서 실패한 사례를 많이 보았을 것이다. 내가 다니는 직장에서도 퇴사해서 사업을 했던 동료들이 많다. 성공한 사람은 손에 꼽을 정도이고, 대부분 가진 돈을 거의 다 잃었다. 퇴사한 지 1년도 안 돼서 큰 손실을 입고 재기 불가능해진 동료들도 많다.

강남에는 모아둔 돈과 퇴직금 전부를 걸고 사업으로 승부를 보고자 하는 40대들이 많다. 회사 다닐 때의 직급이나 자신의 사회적 위치를 고려해서 처음부터 강남 대로변의 큰 사무실에서 사업을 시작하지만, 높은 월세와 이자 비용 등의 부담으로 1년도 안 돼서 모든 사업 자금을 날리는 경우를 많이 보았다. 그 사람이 별다른 준비를 하지 않고 성급하게 덤벼서 그런 것이라고 생각할 수 있다. 그런데 생각해보라. 자신의 모든 것이 걸려있는데 아무런 준비도 없이 뛰어들었을까? 그들도 충분히 준비하고 뛰어들었다. 아니면 그들이 똑똑하지 않아서일까? 그렇지 않다. 누구보다 좋은 교육을 받고, 좋은 회사에서 훈련받은, 회사에서 제 몫을 하던 사람들이다.

문제는 그들이 자신의 직장에서만 똑똑했다는 것이다. 직장인의 경쟁력이라는 것은 직장에 다닐 때나 존재한다. 직장과 사업은 다

인생은 투자와 같아서
실패할 확률을 줄여나가는 게임이라고 생각해야 한다.

른 영역이라서 직장인이 창업을 하는 것은 이제 막 입사한 사회 초년생과 같은 격이라고 보면 된다. 오히려 직장의 때가 많이 묻어 있어 불리하게 시작한다고 볼 수 있다. 또한 대한민국의 사회 구조상 자영업 경쟁이 유독 심한 것도 문제다.

이처럼 직장인이 회사를 그만두고 바로 사업을 한다면 실패할 확률이 매우 높다. 사업이라는 것은 수억의 돈이 들어가기 때문에 실패하면 당신뿐만 아니라 가족의 삶도 파괴된다. 인생은 투자와 같아서 실패할 확률을 줄여나가는 게임이라고 생각해야 한다. 리스크도 사전에 제거하고 도전하는 것이 좋다. 그래서 직장을 다닐 때부터 조금씩 사업을 연습할 것을, 그 사업 또한 돈이 거의 안 드는 영역부터 시작하길 권한다.

직장인을 위한 만만한 부업의 세계

지금 직장인인데 사업을 한다면, 비용을 최소화하고 경험을 얻는다는 생각으로 하는 것이 좋다. 사업보다는 부업이란 개념으로 접근하자. 작게 시작하면 비용이 적게 들기에 리스크가 없다. 크게 성공하지 못한다고 해도 경험을 얻는 것이니 공부가 된다. 또한 능력과 운이 동시에 따른다면 비용 대비 매우 높은 수익을 얻을 수 있을 것이다.

실제 사례를 보자. 제각각의 능력이 다르고 조금씩 다른 시점에서의 성공 스토리라는 것을 기억하고 이 책을 읽고 있는 시점과 당신의 고유한 능력을 고려하여 적용하길 바란다. 돈이 거의 들지 않는 것부터 몇천만 원 정도가 드는 것까지 순서대로 정리했다. 다시 말하지만, 처음에는 작게 시작하는 것이 좋다.

부업의 개념으로 시작한 사업에서 노하우와 자신감을 얻으면 확장해나갈 수 있다. 그렇다면 사업 영역에서 자신의 시스템을 넓혀가면서 보다 확실한 수익을 창출할 수 있을 것이다. 그때가 되면 부업이 아니라 사업이라고 말할 수 있다. 이렇듯 사업은 부업으로 시작하여 키워가는 것이 가장 효과적이고 안전하다.

사례 속 주인공들은 대부분 회사를 다니면서 부업을 하고 있다. 혹은 회사를 다니면서 부업을 시작했다가 규모가 커지면서 회사를 그만두었거나 그만두는 것을 고려하고 있다. 당신이 회사를 다닌다고 불가능한 것이 아니니 미리 그 가능성을 제한하지 않기를 바란다.

1. 앱테크

요즈음 비용이 전혀 들어가지 않는 앱테크, 즉 스마트폰을 이용해서 소소한 돈을 벌 수 있는 앱들이 많이 있다. 대표적인 예로 여론조사, 설문조사, 광고 보기, 특정 미션, 쇼핑 후기 작성, 걷기, 퀴즈

풀기, 게임 등을 할 때 적립금을 받고 이를 모아 현금화할 수 있다. 이런 앱을 다양하게 사용해서 월 50만 원의 수익을 올리는 지인도 있다. 다만 이런 앱을 사용할 때는 과도하게 시간이 소모되는 것은 아닌지 살펴야 한다. 이런 종류의 앱테크는 나의 시간을 빼앗기 때문이다.

최근에는 출석만 하면 가상화폐나 가상 부동산을 무료로 주기도 한다. 이를 통해 높은 수익을 기대할 수도 있다. 물론, 어느 순간 유료로 전환되니 무료에서 유료로 넘어갈 때는 신중해야 한다.

앱테크를 통해 좋은 소비 습관을 만들고 자본주의에서 가치를 만드는 방법을 배울 수 있다는 장점이 있다. 하지만 사회 초년생 때는 유용하나 자산 규모가 커질수록 매력이 사라진다.

2. 재능 판매

프리랜서들을 위한 재능 마켓이 활발하게 운영되고 있다. 크몽, 숨고, 탈잉, 피움마켓, 재능넷이 대표적이다. 이곳에서는 수많은 재능들이 팔리고 있다. 이사, 과외, 레슨, 웨딩, 사진 촬영, 심리 상담부터 꽤 사소해 보이는 정리 기술이나 심부름 등 다양한 재능들도 판매되고 있다.

지인 중 한 명은 명품 구매 대행 알바를 하면서 돈을 벌었다. 또 다른 지인은 한국에 테슬라 자동차가 별로 없던 시절부터 테슬라 모델S로 드라이브하는 체험을 제공하고 돈을 벌었다. 한강 뷰 아파트에 사는 사람은 자신의 아파트를 이용해 한강 뷰 아파트 체험을 하게 해주고, 미래의 부를 위한 동기부여라는 경험을 판매하기도 한다. 자신이 가진 모든 경험이 돈이 되는 시대이다.

당신의 재능도 팔 수 있다. 다만 이런 경험의 판매에는 시간이 들어가고, 보상 정도도 정해져 있으므로 당신에게 필요한 경험을 쌓는 데 도움이 되지 않는다면 장기적으로 집중할 만한 분야는 아니다. 하지만 비용이 거의 들지 않기 때문에 가볍게 시작하기에는 좋다.

3. 지식 정보 전달

지인 중 한 명은 블로그 이웃들에게 부동산 시장 분석에 대한 콘텐츠를 제공하고 있다. 분기당 5만 원의 회비를 받고 있는데, 가입자가 600명이 넘는다. 분기당 3,000만 원의 소득을 올리고 있으니, 세금을 제외한다고 해도 한 해에 1억 가까운 소득을 올리는 셈이다.

그분도 처음에는 집에서 소소하게 시작했다. 지금은 휴직을 하고 공유 오피스에서 하루에 8시간 정도 일을 한다. 기존에는 콘텐츠 소득이라고 할 수 있었으나 이제는 이를 사업화하여 수익화를 도모하는 것이다. 이 모든 것은 애초에 블로그를 통해 이웃을 모으고 그들의 신뢰를 얻은 것부터 시작했으니 참고하자. 그의 구독자들은 대부분 서비스에 크게 만족하고 있다. 앞에서 소개한 블로그 운영이 이렇게 사업화될 수 있다는 점을 기억하자.

4. 온라인 판매(네이버 스토어, 쿠팡 등)

네이버 스토어와 쿠팡 등 온라인 쇼핑몰을 통해 물건을 판매할 수 있다. 레드오션이라고 생각할 수 있지만 내 주변에는 코로나 이후에 시작했음에도 불구하고 1년 만에 월 1,000만 원대의 매출을 올리는 사람들이 꽤 있다.

지인 중에 한 명은 소개를 통해 중국에 다녀와서 업체와 독점 계약을 맺고 각종 캐릭터 제품을 판매하고 있다. 한국에 경쟁자가 없는 캐릭터 제품을 공급함으로써 가격도 높게 받고 있다. 또 다른 지인은 녹차 티백을 만들어서 판매한다. 그는 자신의 브랜드를 만들고 네이버 스토어뿐만 아니라 블로그 등의 다양한 채널을 통해 제품을 홍보한다. 이미 상당한 팬덤이 형성되어 있다.

다른 지인은 해외의 특정 마켓에서 특정 브랜드 제품이 싸게 팔리는 시기에 그 제품을 구매해서 재판매하고 있다. 그런 제품이 꾸준히 시장에 나오는 것은 아니지만 시기별로 월 수백의 수익을 거두고 있다. 또 다른 지인은 의류 시장 최고의 고수들을 무작정 찾아가서 그중 한 명에게 노하우를 전수받기도 했다.

그들의 특징은 누구나 쉽게 할 수 있는 방법이 아닌, 남이 따라하기 어려운 방법으로 시작했다는 것이다. 누구나 할 수 있는 방법으로 시작한 사람들은 극심한 경쟁에 부딪쳐서 초기에 포기하기 마련이다. 다른 사람과 다른 방식으로 시작한 사람들은 결국 성공하는 경우가 많다. 중국의 소싱 업체와 독점 계약을 하든, 자신의 브랜드를 만들든, 자신이 아는 루트를 통해 브랜드 제품을 구매하든, 모두 경쟁에서 벗어나고자 하는 방법이다. 쉬운 길이 아닌 어려운 길을 찾아가면 길이 보이는 것이 온라인 판매 사업이다.

5. 식테크, 어테크

식테크는 식물을 키워 판매하는 것이고, 어테크는 물고기를 키워 판매하는 것이다. 물론 물고기 외에 다른 동물들도 판매가 가능하다. 이들 사업은 코로나로 인해 집안에서 가능한 부업들로 크게 부상하였다.

식테크 분야에서는 MZ 세대를 중심으로 예쁘고 깔끔한 인테리어용 식물과 버섯처럼 식용할 수 있는 식물, 그리고 희소성이 있는 희귀종들이 판매되고 있다. 대표적인 사례로 '몬스테라 알보'를 꼽을 수 있다. 이 식물은 몬스테라의 한 종류로 잎에 하얀색 무늬가 들어간 희귀종이다. 병해충 검출로 수입이 제한되면서 희귀성이 부각되었고, 한 뿌리에 400만 원이라는 고가에 판매되기도 했다. 한 지인도 몬스테라 알보를 판매해서 수백만 원의 수익을 올렸다. 이보다 더 희귀한 옐로우 히메 몬스테라 같은 식물들은 수천만 원이 넘기도 한다.

회사에 다니면서 열대어를 키워 판매하는 사람들도 있다. 가까운 회사 동료도 열대어를 판매해 매달 백만 원 이상의 수익을 거두고 있다. 수요가 많은 희귀 열대어를 수입 통관 등의 정식 절차로 가져와서 번식시켜 판매하는 방식이다. 고가의 희귀 열대어는 수요가 많아서 판매가 잘된다. 1만~2만 원대의 구피나 안시부터 수천만 원대의 물고기까지 종류도 다양하다.

다만, 식테크나 어테크는 식물이나 동물을 사랑하는 마음이 있고 평소에 취미로라도 어느 정도 접근해본 경험이 있어야 가능하다. 생각보다 쉬운 일이 아니라서 잘못 관리했을 경우 큰돈을 날릴 수도 있다. 그럼에도 관련 산업이 부상하고 있으니 적성에 맞다면 관심을 가질 만하다. 물론, 가격대가 낮은 식물이나 동물부터 시작하면서 경험을 쌓아가는 것이 좋다.

6. 에어비앤비

한 지인은 숙박업을 하겠다며 시골에 있는 부모님 집의 인테리어를 시작했다. 경기도의 꽤 한적한 곳에 있는 집으로, 코로나 시기에 국내 여행 수요가 높아지는 것을 보고 빠르게 사업화한 것이다. 2개월 동안 인테리어를 했고, 총 5,000만 원이 들었다. 오픈 후 인스타그램 등을 통해 홍보하면서 소위 대박이 났다. 하루 숙박비가 50~60만 원 정도이지만 여행객들의 발길이 끊이지 않았다. 직장을 다니는 그는 여유 시간에 홍보에 집중하고, 청소는 청소업체에, 고객 상담은 부모님에게 맡기고 있다.

그는 관리 비용을 제외하고 월 평균 1,000만 원 이상의 수익을 거두어 5개월 만에 인테리어 비용을 회수하였다. 물론 사업 때문에 부모님을 본인의 집에 모시게 되었지만, 지금도 매월 1,000만 원의 수익을 거두고 있으니 그도 부모님도 행복한 상황이다.

그는 이를 계기로 에이비앤비에 적합한 시골 주택 인테리어에 대한 강의와 코칭 사업을 시작하였고 이를 통해서도 꾸준히 수익을 창출하고 있다. 현재 그의 에어비앤비 관련 수익은 본업의 수익을 넘었다. 이 사업은 코로나가 끝나더라도 지속적으로 수요가 있을 것으로 판단된다.

7. 무인 상점

한 지인은 회사를 다니면서 경기도에 무인 카페를 열었다. 철저한 입지 분석을 통해 고객이 찾을 만한 곳을 선정했다. 자신의 노동력이 들어갈 일이 없어 하루에 1시간 정도의 시간만 사용하고 있다. 권리금이 없는 곳을 선정했고 시설을 포함한 인테리어 비용으로 5,000만 원 정도가 들었다. 현재 월세 등의 부대비용을 제외하고도 평균 200만 원 정도의 순수익을 올리고 있다. 2년 뒤에는 인테리어 비용까지 모두 회수할 수 있고, 그 이후부터는 자금 회수도 가능하다. 물론 수익화가 진행되기 전에 권리금을 받을 수 있는 상황이 되니 타인에게 판매하면 더 큰 수익을 거둘 수 있을 것이다.

자신감이 생긴 지인은 6개월 뒤에 무인 카페 2군데를 더 열어 지금은 총 3군데를 운영하고 있다. 또한 무인 카페 창업을 위한 컨설팅을 시작했고, 관련 수익은 무인 카페 수익과 비슷할 정도다. 현재 무인 상점 관련해서 충분한 수익이 발생해 퇴사도 고려하고 있다.

물론 실패 케이스도 많다. 이 방법은 내가 언급한 7가지 분야에서 가장 많은 비용이 들어가니 신중하게 선택하길 바란다. 무인화는 카페 이외에도 아이스크림, 문방구, 펫 목욕 등 다양한 분야가 있으니 세분화를 통해 차별화하는 방안도 생각해보자.

지금까지 지인들이 실제로 해본, 직장인이 할 수 있는 부업들을 소개했다. 누구나 다양한 부업으로 수익을 낼 수 있다는 걸 확인했을 것이다. 이보다 더 많은 비용이 들어가는 사업들도 있지만 무인 상점 이상의 비용이 들어가게 되면 더 이상 직장인이 운영할 수 있는 부업의 개념이 아니다. 직장을 다니면서 병행할 수 있는 최대치는 무인 상점 운영 정도로 보는 것이 좋다.

배달 라이더나 공유 주방, 대리기사 등 직장인들이 좋아하는 대표적인 부업들은 추천하지 않는다. 과도하게 몸을 갈아 넣어야 하는 방법은 지속 가능하지 않다. 그런 방법들은 초기 자본금이 들지 않는다고 해도 의료비가 더 들 수 있고 본업에도 악영향을 끼칠 가능성이 크다. 가정이 무너질 수도 있다. 또한 코로나 종식으로 인해 배달에 대한 수요는 줄어들 것이 분명하다. 이런 방법들은 고려하지 않기를 바란다.

지치는 경쟁 대신 여유 있는 차별화

우리나라 사람들은 유독 경쟁을 좋아한다. 아니 경쟁이 필수라고 생각한다. 친구를 이겨야 내 성적이 올라간다는 것을 어린 나이부터 경험했다. 선생님과 부모님은 남들보다 좋은 성적을 거두어서 좋은 대학을 가야 한다고 강조한다. 좋은 대학에 가야만 좋은 직장을 잡을 수 있단다. 직장에 들어가면 승진을 위해 매일 경쟁해야 한다는 것을 알게 된다. 어릴 때부터 알게 된 이 가치관의 가장 큰 문제는, 바로 경쟁은 좋은 것이고 당연한 것이라는 인식이다. 항상 치열한 경쟁을 해야 하고, 그 경쟁에서 이겨야 비로소 혜택이 돌아온다고 무의식적으로 생각하게 된다.

사업을 시작해도 같은 마인드를 가지게 된다. 경쟁하고 이기는 것이 최우선 목표가 된다. 하지만 경쟁에는 수많은 비용이 따른다. 직장 생활에서 경쟁은 대부분 개인적 희생을 요구하는 것이다. 사회에서의 경쟁은 더 많은 비용과 스트레스를 요구한다. 그 결과 대부분의 직장인과 사업주는 원하는 목표에 도달하지 못한다.

인생에서 성공하기 위해서는 경쟁하지 않는 법을 배워야 한다. 성공한 사람들의 비결 중 하나는 경쟁을 하지 않는 것이다. 일론 머스크, 스티브 잡스, 래리 페이지, 빌 게이츠 등은 경쟁을 한 것이 아니라 경쟁이 없는 시장에서 사업을 시작했다. 세계 최초 전자결제

업체 페이팔의 공동 창업자인 피터 틸은 역작《제로 투 원(Zero To One)》에서 경쟁하지 않는 것이 사업에서 가장 중요하다고 말했다.

당신이 부업을 한다면, 최대한 경쟁을 피하는 방식으로 시작하는 것이 좋다. 경쟁하는 것에는 경쟁 비용이 발생한다. 경쟁 비용이란 타인과의 경쟁을 통해 홍보 등을 위한 나의 비용이 증가하는 것을 말한다. 우리는 경쟁 비용을 지불하지 않는 방식으로 사업을 찾아 들어가야 한다.

이렇게 생각하면 어떤 부업을 선택할지, 언제 부업을 시작할지, 그리고 언제 부업을 그만둘지, 언제 부업을 사업으로 확장할지 등을 계산할 수 있다. 앞에서 언급했던 온라인 판매의 예시를 들어보자. 중국의 공급업체를 독점하거나 자신의 브랜드로 티백을 만들어 파는 지인들은 경쟁을 피하고 있다. 대부분의 경쟁자들은 도매 사이트에서 동일한 물건을 가져와서 판매하고 있기 때문이다. 물론 다른 경쟁자들이 들어와 경쟁 비용이 증가하면, 그때는 또 다른 차별화를 만들거나 부업을 그만둬야 할지 모른다.

무인 카페를 하는 지인은 앞으로 1~2년 안에 자신이 운영하는 모든 사업을 권리금을 받고 판매할 생각을 하고 있다. 시장 초기에는 무인 카페가 희소했지만 시간이 갈수록 경쟁이 치열해지고 유인 커피숍들도 무인 카페에 대응할 수 있기 때문이다. 무인 카페의 유행이 지나가면서 고객이 이탈할 가능성도 있다. 여러 가지 이유로 시간이 지나면서 무인 카페의 경쟁력이 사라질 수 있다. 물론 다른 차별화 방법이 있다면 카페의 경쟁력이 유지될 수 있을 것이다.

이 책의 서두에서 말했듯이 자본주의는 차이를 만들어내는 역사이다. 차별화가 없는 사업은 죽은 사업이다. 차별화 없는 사업의 경우에는 계속 힘들어질 수밖에 없다. 당신이 부업을 한다면 가장 신경 써야 할 것은 한 가지다. 지속적으로 차이를 만들어낼 수 있는가? 자신이 없다면 아예 시작하지 않거나 비용이 들지 않는 사업에만 집중해야 할 것이다.

5단계

돈만큼 중요한 것들

#사람을 대하는 자세 #배려심
#내 능력을 키우면 좋은 인맥이 생긴다

인간관계

부자가 되고 싶다면 주변을 좋은 사람으로 채워야 한다. 부자가 되기 위해서는 주변의 나쁜 사람들을 애초에 차단할 필요가 있다. 부자가 된 다음에도 주변의 인간관계를 세심하게 신경 써야 한다. 사람은 환경의 영향을 받는 동물이기 때문이다. 비교적 짧은 시간에 좋은 사람인지 나쁜 사람인지 쉽게 구분하는 방법이 몇 가지 있다. 내가 경험한 바로는 사소한 것을 대하는 태도를 보면 그 사람의 인생 가치관과 태도를 유추해볼 수 있다.

이런 사람은 '손절'해야 한다

운전을 함부로 하는 회사 선배가 있었다. 같이 고객을 방문하는 두 시간 남짓이 꽤나 지옥 같은 시간이었다. 차에서 담배를 피면서 바깥으로 재를 떨고, 꽁초를 함부로 버리고, 딱 법만 피해가는 수준의 과속을 일삼고, 다른 운전자의 운전이 마음에 안 들면 욕도 했다. 이런 사람은 무조건 멀리해야 한다. 그는 자신의 인생에서도 이익을 얻기 위해 쉽게 남에게 피해를 주고, 반칙을 쓰고, 나쁜 결과에 대해서 주변을 비난할 것이다. 특히 나의 남자친구나 여자친구가 운전을 함부로 하는 사람이라면 만남에 신중할 필요가 있다. 그런 사람과 결혼하면 인생이 힘들어질 수밖에 없다. 그들은 자기 자신만 아는 사람이다. 그런 사람들이 배우자에게 잘할 리 없다.

내가 싫어하는 또 다른 유형은 강자에게 약하고 약자에게 강한 것이다. 회사 다닐 때 이런 유형들을 많이 만나보았는데, 모두 자신만을 위해 생각하고 일하는 이기적인 사람이었다. 강자에게 약하고, 약자는 최대한 괴롭히며, 상사에게 아부하고, 부하 직원들을 괴롭히는 것을 즐겼다. 이런 사람들도 멀리해야 한다. 고객을 만족시켜야 부자가 되는데, 자기에게 이익이 되는 사람에게만 잘하는 사람은 결국 들통이 난다. 이런 사람들은 신용을 쌓을 수 없다. 혹시 운이 좋아서 부자가 된다고 하더라도 어차피 나에게 도움을 주지 않을 것이 뻔하다.

익명으로 악플을 달면서 스트레스를 푸는 사람도 피해야 한다. 이들은 자신을 발전시키는 것이 아닌, 남을 끌어내리는 것에 훨씬 익숙한 사람들이다. 남이 안 보는 공간에서 생각하고 행동하는 방식은 실생활에서도 그대로 드러날 수 있다. 이런 사람들이 내 옆에 있으면 나를 응원하기는커녕 나를 끌어내릴 것이다.

하나를 보면 열을 알 수 있다. 연애를 한다면 상대방의 운전 습관이나 사람을 대하는 자세를 꼭 체크할 필요가 있다. 그 사람의 인생이 보일 것이다. 사소한 것에도 배려심이 있는 사람에게 결국 돈이 모이는 법이다. 좋은 사람과 함께해야 좋은 사람이 되고 부자도 될 수 있다. 물론, 자신이 먼저 좋은 사람이 되려고 노력해야 한다. 상대방도 동일한 잣대로 나를 쳐다볼 것이라는 것을 잊지 말아야 한다.

어렵게 말하는 사람을 조심하라

회사에서 광고대행사를 뽑는 프레젠테이션을 진행한 적이 있었다. 단발성으로 예산 집행 규모가 20억이

넘어가는 규모였다. 나는 실무자로서 부장, 이사, 상무 등의 임원진과 함께 미팅을 했다. 마지막 순서에 빨간색 구두를 신은 40대 여성이 화려한 프레젠테이션과 화법으로 분위기를 압도했다. 아이비리그 출신에 미국 광고대행사를 다니다가 한국으로 직장을 옮겼다고 했다. 중간 중간 나오는 영어 발음도 좋았고 다양한 전문용어를 사용하면서 지식을 뽐냈다. 나도 한참 프레젠테이션을 많이 할 때라 발표 양식이나 발표 기술을 배우면 좋겠다고 생각하며 집중했다.

마지막 팀과 함께 일하게 될 것이라고 생각하고 있었는데, 나중에 점수를 모아보니 그 팀의 점수가 가장 낮았다. 확인해보니, 상무님이 특히나 최하점을 주었다. 나중에 술자리에서 상무님에게 그 이유를 물어보았다.

누군가 어렵게 설명한다면 쉽게 설명해달라고 요구하라.
정말 상대방을 배려하고, 능력 있고,
진실되게 다가서는 사람들은 항상 쉽게 설명한다.

"마지막 팀의 발표는 어려웠다. 어려운 용어를 쓰면서 어렵게 발표를 진행했다. 보통 이렇게 어렵게 설명하는 사람들은 크게 세 가지 이유가 있다. 자기가 상대방에게 쉽게 설명할 능력이 없을 정도로 내용을 이해하지 못한 것, 배려심 자체가 없는 것, 무엇인가를 숨기고자 하는 것.

첫 번째 경우라면 능력 없는 사람과 일을 하게 될 테니 안 된다.

두 번째 경우라면 독선으로 일을 할 테니 안 된다.

세 번째 경우라면 정직하지 않은 사람과 일하게 될 테니 안 된다.

정말 고수는 상대방이 쉽게 이해할 수 있는 발표를 한다. 어렵게 말하는 것이 흔한 일이고 쉽게 말하는 것이 귀한 일이다."

상무님은 항상 쉬운 용어로 직원들과 대화하는 것을 좋아했다.

상무님한테 보고할 때 어려운 용어를 쓰면 인상을 쓰셨다. 그분은 항상 간결한 용어와 문장으로 말하라고 하셨다. 10년이 지난 지금 생각해도 맞는 말이다.

생각해보면, 내 주머니를 노리는 사람들은 항상 어려운 말을 썼다. 상품과 서비스에 허점이 많은 것을 속이기 위해 일부러 어려운 용어를 쓰는 것이다. 가짜를 진짜처럼 보이게 만들려면 더 많은 포장이 필요한 법이다.

대표적인 예로 가상화폐를 들 수 있다. 일반인은 이해하기 힘든 용어를 통해 구조를 설명하고 돈을 벌 수 있다는 인간의 욕망을 자극한다. 가치가 없는 가상화폐일수록 더 화려한 용어를 갖다 붙였지만 많은 사람들의 돈을 빨아먹고 결국은 시장에서 영원히 사라졌다.

누군가 어렵게 설명한다면 쉽게 설명해달라고 요구하라. 장황하게 설명하면 간단하게 요약해서 말해달라고 하라. 내 지능이 낮아 보일 것 같다고 걱정하지 말자. 상대방의 가면을 벗겨야 한다. 정말 상대방을 배려하고, 능력 있고, 진실되게 다가서는 사람들은 항상 쉽게 설명한다.

내 수준을 높여야 수준 높은 사람을 만난다

인생에서 인맥은 매우 중요하다. 사람은 결국 사회적 동물이기 때문에 타인의 영향을 받는다. 좋은 인맥은 내 인생에 다양한 기회를 제공해줄 수 있다. 그래서 누구나 인맥을 만드는 노력을 한다. 인생을 살다보니 일부러 인맥을 만드는 것은 소용이 없고 내 능력을 키우면 자연스럽게 인맥이 만들어진다는 것을 알게 되었다. 사회에서 인맥은 대부분 주고받는 것이기 때문이다.

학창 시절에는 좋은 집단에 속하는 것 자체가 인맥이 된다. 고등학교, 대학교 인맥들이 이때 만들어진다. 하지만 일단 사회에 나온 이후에는 내 능력이 부족하면 능력치가 높은 사람들과 애초에 교류가 되지 않는다. 내 능력과 내공이 향상되면 자연스럽게 비슷한 레벨의 사람들을 끌어 모으게 되어 있다. 내가 인맥을 필요로 하듯 다른 사람들도 인맥을 원하기 때문이다.

내가 회사에만 집중하는 시기에는 직장 동료들이 인맥의 전부였다. 하지만 내가 부동산이나 주식 등의 투자에서 내공과 지식을 쌓기 시작하니 내 주변에 비슷한 관심사를 가진 사람들이 모이기 시작했다. 부동산 및 주식에서 내공을 높이고 성과가 나오니 고수들과 자연스럽게 교류하게 되었다. 이제는 어릴 때의 친구, 회사 동료들보다 그들과 더 많은 교류를 하고 있다.

어떻게 보면 관심사에 따라 환경도 바뀌어 간다. 내 수준이 높아지면 수준 높은 사람들도 나를 알아보기 시작한다. 타인도 나의 경험이나 지식, 능력을 알고 싶어 하며 이런 관계가 형성되면 서로 나눌 것이 있기 때문에 자연스럽게 인맥이 만들어진다. 이렇게 형성되는 인맥은 서로에게 좋은 영향을 미치면서 롱런할 수 있다. 내가 능력치가 안 되는 상황에서는 아무리 능력자들의 모임에 가거나 친분 등을 이용해서 능력자들과 인맥을 쌓으려고 해도 소용이 없다. 내가 그들을 알게 된다고 해도 내가 그들에 걸맞은 능력이 없다면 1회성 교류에 그칠 뿐 더 깊은 관계가 될 수 없다. 내가 그들에게 줄 수 있는 것이 없기 때문이다. 받기만 하는 관계는 없다.

그래서 가장 우선해야 하는 것은 내가 목표로 하는 분야에서 먼저 실력을 쌓는 것이다. 상대방도 자신보다 나은 사람을 만나려고 한다는 것을 잊지 말아야 한다. 성공한 사람일수록 더 그렇게 생각한다. 자신보다 더 나은 사람을 만나려는 노력을 통해 만나는 사이, 이런 윈윈(win-win) 구조가 결국 성공하는 사람들이 더 큰 성공을 만들어가는 방식이다. 이런 관계를 지향해야 한다. 혼자서 이룰 수 있는 것은 한정적이지만 다른 사람과의 협력을 통해서는 더 많은 것을 이룰 수 있다.

#배우자는 어디서 만나야 할까
#내 주변부터 챙기기 #서로의 경제관념

부부 관계

고등학교 때 전교 1등을 하던 친구는 서울대 법대에 입학해서 바로 사법고시를 준비했다. 그는 사법고시 1차에 금방 합격했다. 그래서 사법고시 2차도 합격할 것을 의심하는 사람은 별로 없었다. 그는 선배를 따라 간 나이트클럽에서 한 여자를 만나 사랑에 빠졌다. 친구는 그녀가 없으면 못 산다며, 심지어 수업을 빼먹으면서까지 그녀를 만나러 다녔다.

알고 보니 대학생이라던 그녀는 대학 근처는 가본 적도 없는 바텐더였다. 그녀는 돈 문제도 있었고 남자관계도 문란했으나 사람이 사랑에 빠지면 방법이 없다. 친구는 그녀와 사귀며 2년 이상을 허비했다. 결국 그녀와 헤어지고 나서야 정신을 차렸지만 다시 공부한 사법고시의 문턱은 높았다. 그는 지금 작은 회사에 다니면서 혼자 살고 있다.

반면, 지인 중 한 명은 평범한 지방대를 나왔다. 지방에서 중견규모의 직장에 다니다가 지역의 부동산 투자 모임에서 지금의 아내를 만났다. 이후 스터디 사람들과 함께 지역의 소형 아파트 등을 임장하러 다니더니 언제부터인가 두 사람이 팀을 이루어 부동산을 매수하러 다녔다. 둘은 10년 동안 수십 채의 부동산을 매수하였고 최근에는 큰 시세 차익을 남기고 매도한 뒤 건물을 올려 건물주가 되었다. 그들은 그 건물의 한 층을 쓰고 있고 다른 층들의 월세로 매달 2,000만 원씩 받고 있다. 그럼에도 여전히 직장을 다니고 있는 알뜰살뜰한 부부다.

개인의 성공이라는 관점에서 보았을 때 배우자를 어디서 만나는가는 매우 중요하다. 스터디 그룹과 나이트클럽이라는 장소는 큰 차이를 만든다. 물론 절대적인 차이가 아니라 확률적인 차이다. 어디서든 예외는 있다. 하지만 인생이란 확률을 높여가고 리스크를 줄여가는 게임이다. 스터디 그룹에서 만난 배우자가 나이트클럽에서 만난 배우자보다 좋은 태도를 가지고 있을 확률이 훨씬 높다.

자기보다 나은 사람을 만나기 위해 노력해야 한다. 내가 갈 수 있는 최대치의 모임에서 사람을 만나는 것이 좋다. 그러면 나의 최대치를 올려주는 사람들을 만날 수 있다. 당신 인생의 반려자는 바로 그런 사람이어야 한다.

나중은 없다,
가장 가까운 사람부터 챙기기

부자가 되기 위해 부자가 되는 법에 대한 영상이나 책을 본 적이 있을 것이다. 주변의 부자들을 따라 하기도 할 것이다. 하지만 가장 먼저 해야 하는 것은 그런 것들이 아니다. 부자가 되고 싶다면 가장 먼저 주변부터 챙겨야 한다.

내 주변조차 제대로 챙기지 못하면 다른 사람들을 만족시킬 수 없다. 다른 사람들을 만족시키지 못하면서 내 고객을 만족시킬 수 없다. 내 고객을 만족시키지 못하면서 돈을 벌 수 있을 리가 없다. 자본주의에서는 내가 가치를 제공하고 그 가치로 치환된 돈을 보답으로 받는다. 모든 것의 시작은 상대방을 만족시키는 것이다. 그런데 이 순서를 거꾸로 생각하는 사람들이 있다. 나도 10년 전에는 그랬다. 내가 부자가 되면 가족들과 주변사람에게 잘하겠다고 생각했다. 그래서 내가 부자가 아닌 기간 동안 그들에게 꽤나 소홀했다.

그런 자세에는 아주 큰 문제가 있었다. 애초에 주변에 소홀하면서 부자가 되기는 힘들다. 집안에서 새는 바가지는 밖에서도 새는

데, 밖에서만 사람들에게 잘하는 것이 가능할까? 안에서 새지 않는 바가지가 밖에서도 새지 않는 법이다.

부자가 되고 싶으면 우선 내 옆에 있는 사람에게 잘해야 한다. 그 시작은 바로 나의 배우자다. 나의 배우자를 어떻게 만족시킬 수 있는지에 대해서 고민하자. 나와 함께 가정을 책임지는 배우자조차 만족시키지 못한다면 누구를 만족시킬 수 있단 말인가.

공자도 '수신제가 치국평천하'라고 말했다. 가정이 편안해야 모든 것이 잘된다는 것이다. 나도 그와 같은 생각이지만 약간 다른 방향이다. 배우자를 만족시켜야 다른 사람도 만족시킬 수 있다. 배우자부터 만족시키자. 아직 미혼이라면 부모님부터 만족시켜야 한다.

부자가 되고 싶으면 우선 내 옆에 있는 사람에게 잘해야 한다.
그 시작은 바로 나의 배우자다.

사랑만큼 중요한 경제관념

부부 사이의 사랑은 중요하다. 살다보면 사랑이 필요 없다고 말하기도 하지만 젊은 시절 사랑한 경험은 나이가 들어도 사라지지 않는다. 서로가 서로에게 익숙해질 뿐 그 감정은 남아 있기 때문이다. 부부의 사랑만큼 중요한 것이 또 있다. 바로 경제관념이다. 지인들과 부부 갈등에 대해 말할 때 가장 많이 언급되는 것이 배우자의 경제관념이다. 특히 아이를 키우는 부부가 경제관념의 차이로 갈등을 겪는 경우가 많다.

결혼 5년 차 후배가 있다. 후배는 대기업에 다니고 있고, 아내는 전업주부로 3살짜리 아이를 키우고 있다. 후배는 아내와 경제관념이 너무 다르다며 고민했다. 후배는 검소하게 돈을 모으고 투자해서 가까운 미래에 내 집 마련을 하고 싶어 한다. 남편의 관점으로 볼 때 아내는 돈을 모을 생각이 없고, 현재만 중요하다고 생각하는 사람이다. 그들 부부가 버는 돈을 아내가 관리하는데, 그녀는 5년 동안 돈을 전혀 모으지 못했고 오히려 몇천만 원의 신용카드 빚을 졌다. 충격받은 후배는 아내에게 카드빚에 대해 따졌다가 큰 싸움으로 번졌다고 한다. 후배의 아내는 명품 하나 산 적이 없고, 자신이 아닌 가족을 위해서만 소비했는데 어떻게 자기를 비난할 수 있냐고 말했다. 이런 상황에서 아이를 영어 유치원에 등록시켰다. 후배는 또 앞날이 캄캄하다고 했다. 외벌이 입장에서 돈을 모아 미래를 위한 계획을 세우고 싶은데 아이를 영어 유치원까지 보냈으니 계속 마이너스 인생을 살 수밖에 없다는 것이다. 그는 이런 이야기를 꺼내면 아내와 싸우게 될 것이 뻔하다며 한숨을 쉬었다.

후배의 사례는 많은 사람들이 겪을 만한 이야기다. 이런 갈등이 생기지 않으려면 결혼 전에 서로의 경제관념에 대해 충분히 이해하는 시간이 꼭 필요하다. 너무 다른 경제관념을 가진 부부는 같은 곳을 바라보고 살 수 없다. 차라리 둘 다 욜로족이면 편하다. 오늘만 살면 되고, 미래에 가난해져도 서로 원망하는 일이 없을 것이다. 둘 다 파이어족이면 더 좋다. 미래의 조기 은퇴를 위해 지금의 어려움을 함께 극복해나갈 수 있다. 하지만 부부의 경제관념이 다르다면 매일 싸우게 될 가능성이 높다.

결혼 전이라면 꼭 서로의 경제관념에 대해 깊이 있는 대화를 해보아야 한다. 결혼한 부부라도 시간을 내어 진지하게 경제관념에 대해 이야기하는 시간을 가져야 한다. 서로의 경제관념을 이해하지 못하면 좋은 가정을 꾸리기 힘들다.

#무조건적인 사랑 #공부 습관은 이렇게
#부모가 먼저 모범을 보여야 한다

자녀 교육

아이가 어릴 때 경험하는 것 중에서 가장 가치 있는 것은 부모의 무조건적인 사랑이다. 갓 태어나서 숨을 쉬고 우는 것 말고는 아무것도 못하는 아이가 가장 먼저 경험하는 것이 바로 부모의 무조건적인 사랑이다. 부모가 자녀에게 줄 수 있는 것 중에서 그것보다 더 가치 있는 것은 없다. 그것은 조건적인 사랑이 아니다. 네가 무엇을 해야 너를 사랑하겠다는 조건이 달려 있지 않다. 하지만 아이가 자라면서 부모들은 사랑에 조건을 달기 시작한다.

"네가 수학을 100점 맞으면 정말 좋겠다."

"네가 반에서 10등 안에 들면 원하는 것을 사주겠다."

"네가 매일 숙제를 하면 크리스마스에 선물을 사주겠다."

조건을 달성해야 원하는 것을 주겠다는 조건부 사랑이다. 물론 조건부가 무조건 나쁜 것은 아니다. 문제는 조건부 약속이 반복되면 아이는 부모의 사랑을 "네가 그것들을 해야지만 너를 사랑할 거야."로 이해할 수 있다는 것이다. 그때부터 아이는 더 이상 무조건적인 사랑을 경험할 수 없는 삶을 살게 된다.

과거의 어떤 연구에서 하와이 출신 사람들의 노년을 조사했다. 성공적인 인생을 살고 노년이 행복한 사람들에게는 공통점이 있었다. 그들이 어릴 때 그들을 무조건적으로 사랑해준 사람이 있었다. 고아였다고 해도 좋은 선생님이 있었거나 사랑으로 보살펴준 할머니나 할아버지가 있었다.

스파이더맨이 영웅이 될 수 있었던 데는 가족의 사랑이 있었기 때문이고, 《정글북》의 모글리는 야생에 버려졌지만 행복한 아이가 될 수 있었던 것은 늑대 가족이 있었기 때문이다. 사람들은 석가모니나 예수가 무조건적인 사랑을 베풀었기에 존경한다.

물론 살다보면 아이에게 조건을 달지 않을 수 없는 상황을 만나게 된다. 아이를 자극해야 할 필요도 있고 아이도 성장해야 하기 때문이다. 아이가 원하는 모든 것을 들어줄 수 없으니 조건을 제시해야 할 때도 있다. 하지만 아이가 부모의 온전한 사랑을 느낄 수 있는 시간을 만들어줘야 한다는 것을 잊지 말자.

따라서 가끔은 그냥 아이에게 사랑한다고 말하자. 아침에 일어나서, 잠들 때, 생각 날 때마다, 간단하게 "사랑해."라고 말하자. 혹은 좀 더 자세히 "난 너를 사랑한다. 어떤 일이 있어도 아빠 엄마는 너의 편이다."라고 말해보자.

자녀에 대한 무조건적인 사랑의 표현이 자녀 교육에서 가장 최우선 덕목이다. 나는 매일 아이들과 그런 마음으로 살아가고 있다.

공부 습관,
놀이로 완성하라

대한민국은 사교육 공화국이다. 부모는 자녀의 사교육을 위해 엄청난 돈을 써야 하고 아이들은 남보다 좋은 성적을 얻기 위해 허기를 참으며 밤늦게까지 학원을 다닌다. 자녀가 반드시 공부로 성공할 필요는 없지만 대한민국 사회에서 공부가 성공적인 삶을 살 수 있는 토대가 되는 것은 사실이다.

그런데 엄청난 사교육비를 쓰고 밤마다 수많은 학원에 다니는 삶을 살아야 아이가 공부를 잘할까? 그렇지 않다. 아이가 자기 주도 학습을 하게 되면 사교육에 의존하지 않는 중·고등학교 시절을 보내는 것이 가능하다. 그러기 위해서는 초등학교 시절, 최소한 다음의 3가지 영역을 잡고 가는 것이 좋다. 이렇게만 하면 아이들은 크게 힘들이지 않고도 원하는 성적을 거둘 수 있다고 본다.

1. 독해력
2. 연산력
3. 집중력

잊지 말아야 할 것은 위의 3가지 영역을 아이가 놀이로 느끼도록 하는 것이다. 3가지 영역에 아이가 접근하는 방식을 놀이로 시작해서 놀이로 끝내는 것이 제일 좋다. 딱딱한 공부를 즐거운 놀이로 인식한 아이들은 평생 공부할 수 있는(놀이할 수 있는) 힘을 가지게 된다.

1. 독해력

나는 아이의 독해력을 높이기 위해 다음과 같이 노력했다. 애초에 정답이라는 것은 없겠지만 각자의 상황에 맞게 적용하면 좋겠다. 참고로 나의 아이들은 초등학교 저학년인데 집에 있는 대부분의 시간에 독서를 한다. 우리 부부는 아이들에게 책을 그만 읽고 밥을 먹거나 밖에 나가거나 자야 한다고 잔소리를 할 정도이다. 아이들은 독서의 재미에 빠져서 살고 있다.

1. 3~7세에 아이와 함께 자면서 밤마다 아이가 원하는 책을 3권

이상 읽어주었다.

2. 독서의 양과 종류를 강조하지 않았다. 아이들이 원하는 시간에 원하는 장소에서 원하는 책을 읽어주었다.
3. 어떤 상황에서도 책을 찾을 수 있도록 배치했다. 나들이를 갈 때도 책을 챙겼다. 카페 같은 곳에 가면 책상에 펼쳐 놓았다. 중요한 것은 책을 노출시킬 뿐 읽으라고 강요하지 않았다.
4. 거실 육아를 했다. 거실 책장과 바닥에는 책이 자연스럽게 비치되어 있었다.
5. 부모가 책을 많이 읽었다.

2. 연산력

독해력이 있다면 대부분의 학문에 접근할 수 있다. 책을 읽으면 국어뿐만 아니라 사회과학이나 자연과학 지식도 습득할 수 있다. 하지만 수학은 연산력을 기본으로 하기 때문에 반복된 연습 이외에는 방법이 없다. 그래서 나는 아이들이 연산력을 기를 수 있도록 별도의 노력을 할 수밖에 없었다.

1. 매일 수학 문제지 2장을 풀었다. 예외가 없도록 노력했다. 많은 양을 풀게 하면 아이들이 지치지만 하루 2장 정도는 어렵지 않게 할 수 있다. 2장을 푸는 데 걸리는 시간은 대략 10~15분 정도다.

2. 화이트보드를 이용해서 문제 풀이를 했다. 거실에 보드를 놓았고 아이들에게 문제를 내고 맞히는 놀이를 했다. 아이들은 작은 종이보다 화이트보드 같이 큰 공간에서 문제를 푸는 것이 더 즐겁다고 느꼈다. 과장된 몸짓과 말투로 아이들이 최대한 수학을 놀이처럼 느끼도록 노력했다.
3. 독서를 수학에 연결시켰다. 수학을 쉽고 재미있게 풀어낸 책들을 노출시켰다. 아이들에게 읽으라고 강요하지는 않았지만 아이들은 수학을 독서의 일부로 받아들이면서 수학에 대한 관심을 키웠다.

3. 집중력

대한민국에서 수능은 매우 중요하다. 아이들은 고등학교 때 많은 시간을 투자해서 공부에 집중한다. 이 시기에 중요한 것이 장시간 공부에 집중할 수 있느냐는 것이다. 집중력 자체가 떨어져서 성적을 올릴 수 없는 아이들이 많다. 아이들의 집중력을 키우기 위해 나는 아이들이 좋아하는 것을 할 때 중간에 멈추지 않게 하려고 노력했다. 경험상 아이들이 평균 이상의 집중력을 보인 것들은 다음과 같다.

1. 레고 조립
2. 종이 접기

3. 독서

4. 블록 놀이

5. 놀이터에서 놀기

어떤 놀이는 몇 시간 동안 계속되었다. 나는 놀이 뒤에 약속이나 일정이 있어도 웬만하면 아이들이 집중하고 있는 것을 그만두게 하지 않았다. 위의 것들에 집중할 수 있는 아이라면 공부에도 집중할 수 있다고 생각했다. 아이의 집중력을 흩뜨리는 것은 결국 부모의 조급함이다.

하나를 더 추가하면 성인이 되기 전에 자본주의 마인드를 탑재시키는 것이다. 이를 위해 아이가 태어나자마자 아이의 계좌를 개설하고 주식을 몇 주라도 사주는 것이 좋다. 아이가 초등학교 고학년이 되면 투자 종목과 실적을 가지고 투자에 대한 이야기를 시작하면 좋다. 중·고등학교 때가 되면 아이는 자연스럽게 자신의 투자와 관련된 깊이 있는 이해를 하게 되고, 이를 통해 경제 전반에 대한 더 큰 관심을 가지게 될 것이다.

자녀에게 요구하지 말고 부모가 모범을 보여라

부모가 자식을 가르치는 가장 좋은 방법은 부모가 스스로 보여주는 것이다. 나는 아이들의 독서 습관을 키우기 위해 아이들이 태어나자마자 거실 육아를 시작했다. TV를 없애고 거실을 책장과 놀이 공간으로 꾸몄다. 식구들이 잘 때를 제외하고는 늘 거실에서 시간을 보냈다. 잘 때를 제외하고는 식구들이 떨어져 있는 일은 거의 없었다.

나는 책을 좋아하기 때문에 거실에서 늘 책을 읽었다. 휴대전화를 사용할 때는 책 사이에 휴대전화를 끼우고 사용했다. 아이들에게 부모가 책을 읽는 모습을 최대한 노출시키려고 노력한 것이다. 그렇게 몇 년을 살다보니 아이들에게 좋은 독서 습관이 생겼다. 어느 순간부터 내가 책을 읽고 있으면 아이들이 다가와 내가 보는 책을 같이 보기도 하고 다른 책을 가져와서 읽어 달라고도 했다.

또 인사성이 밝은 아이로 키우고 싶어서 엘리베이터에서 낯선 사람을 만나면 내가 먼저 인사를 건넸다. 내가 낯선 사람들에게 먼저 인사를 건네는 성격이 아닌데도 말이다. 하지만 아이가 보고 있다고 생각하니 낯선 사람에게도 인사할 수 있게 되었다. 그런 시간들이 쌓이니 아이들도 사람을 만나면 먼저 인사를 했고, 인사성이 밝다는 칭찬도 듣게 되었다.

아이들에게 감사함을 알려주고 싶어서 가족이 같이 잘 때 아내와 나는 하루에 있었던 일 중에 가장 감사한 것을 서로에게 물어봤다. 아이들이 보고 있다는 것을 알기 때문에 일부러 서로에게 질문을 했다. 그러자 어느 순간부터 아이들이 우리에게, 그리고 서로에게 하루 동안 가장 감사했던 것들에 대해서 물어보기 시작했다.

대부분의 부모들은 자신이 바라는 모습을 아이들에게 명령하고 지시한다. 부모는 TV를 보면서 아이들에게는 방에 들어가서 공부하라고 한다. 부모는 쓰레기를 함부로 버리면서 아이들에게는 지구를 사랑하라고 한다. 부모는 주말에 늦잠을 자면서 아이들에게는 아침 일찍 일어나라고 한다. 부모가 먼저 모범을 보이지 않는 한 부모의 이런 말들은 아이들에게 전혀 설득력을 가지지 못한다.

훌륭한 부모 밑에서 빗나간 자식이 나오기는 쉽지 않다. 대부분의 빗나간 자식들은 자식에 대한 부모의 빗나간 기대 때문에 오는 경우가 많다. 자식을 가르치는 유일한 방법은 부모 스스로 모범을 보이는 것이다. 나는 그 이상으로 좋은 방법을 알지 못한다.

#직장≠내 삶 #에너지 총량의 법칙
#매일 스트레스를 받는 만큼 회복하는 삶

건강

내 주변에는 직장을 다니는 동안 건강이 악화되어 세상을 떠난 사람들이 꽤 많다. 그분들을 보면서 삶에서 정말 중요한 것이 무엇인가 생각했다. 치열하게 살았지만 성과도 맛보기 전에 서둘러 저 세상으로 떠나버린 지인들의 이야기를 통해 일과 내 삶에 대해 깊이 생각해보길 바란다.

1. 은행 대리였던 대학 동기는 실적 압박에 시달리다가 근무 중에 심장마비로 죽었다. 늘 주어진 일을 묵묵하게 하는 성실한

사람으로 인정받았던 친구였다. 평소에도 과도한 업무로 인해 정신적, 육체적 스트레스를 많이 받았었다.

2. 또 다른 대학 동기도 약 5년 전에 과로로 인한 심장마비로 세상을 떠났다. 아들과 딸을 남겨두고. 평소에도 피곤하다는 말을 자주 했었지만 큰 병이 없었기에 주변에서도 전혀 예상하지 못한 일이었다. 그는 집에서 잠든 후 다시는 깨어나지 못했다고 한다.
3. 지인의 아버지는 10년 동안 하루에 4시간만 잘 정도로 회사 일에 몰두하여 회사를 삼성전자 협력사로 키웠다. 하지만 40세가 되던 해에 암에 걸렸고, 몇 년 동안 투병 끝에 돌아가셨다. 그분의 사업은 성공했지만 사망 후에는 부인이 매각했고 자녀들은 아직까지도 재산 때문에 법정 소송 중이다.

일보다 삶이 우선이다

앞만 보고 달려야 하는 과도한 경쟁의 한국 사회에서 과로로 병을 얻거나 죽는 경우는 생각보다 많다. 이렇게 허무하게 세상을 뜰 줄 알았으면 그렇게 열심히 달렸을까?

에너지 총량의 법칙이라는 것이 있다. 사람이 하루에 쓸 수 있는

내 삶도, 내 건강도, 직장 이상으로 소중하다.
직장에서 남들보다 조금 더 얻기 위해서
자신의 모든 것을 던질 필요는 없다.

에너지의 총량은 정해져 있다. 유한한 에너지를 일정 기간 총량 이상으로 쓰게 되면 건강이 무너진다. 정신적, 신체적으로 하나씩 삐걱거리기 시작한다. 초반에는 휴식을 가지면 회복되지만 회복 없이 오랜 시간 스트레스를 받으면 건강은 되돌릴 수 없는 상태가 된다.

가장 흔한 문제는 직장에서 나의 모든 에너지를 쏟아 붓는 것이다. 계약한 것 이상의 육체노동과 감정노동에 자신을 노출시키는 것이다. 확실하게 선을 긋지 않으면 내가 회사에 제공할 수 있는 것 이상을 제공하게 된다. 회사, 상사, 동료, 고객은 항상 더 많은 희생을 요구하기 때문이다.

직장은 그저 내 삶의 일부일 뿐인데, 어느 순간 직장을 자기 삶의 전부로 생각하는 경우가 많다. 나도 오랜 기간 그렇게 살았기에 그게 얼마나 허무한 일인지 안다. 직장과 내 삶을 분리시켜서 생각하자. 내 삶도, 내 건강도, 직장 이상으로 소중하다. 직장에서 남들보다 조금 더 얻기 위해서 자신의 모든 것을 던질 필요는 없다.

스트레스를 회복하는 시간

흔히 '건강'이라고 하면 육체적 건강만을 생각하는 경우가 많다. 하지만 현대 사회에서는 정신건강이 더 큰 문제다. 우리는 더 효율적인 방법으로 일을 할 수 있게 되었지만 이는 더 많은 일을 하는 것을 의미하게 되었다. 현대인은 과거에 비해 더 많은 스트레스를 받고 있다. 우리는 매일 스트레스를 받는 만큼 회복하는 삶을 살아야 한다. 그래야 긴 인생을 살면서 스트레스 레벨을 유지하면서 살아갈 수 있다. 매일 스스로에게 질문해보자. 매일 회복하는 시간을 가지고 있느냐고.

인간의 자율 신경계는 교감 신경과 부교감 신경으로 이루어져 있다. 이를 이해해야 진정한 회복의 의미를 이해할 수 있다. 간단히 말해서 교감 신경은 생존의 위협을 느낄 때 아드레날린이 분비되면서 몸과 정신을 긴장시키고, 부교감 신경은 이러한 긴장을 이완시키는 작용을 한다.

이런 아침을 상상해보자. 아침에 출근해야 하는데 늦게 일어났다. 그때부터 교감 신경이 극도로 발휘되면서 스트레스를 받고 그 과정에서 신경이 예민해지고 마음도 불안해지고 온몸의 근육이 경직되어 근육을 다치기도 한다. 혈압, 맥박, 심박수 모든 것이 증가한다.

갑자기 차가 끼어들 때, 상사에게 혼날 때, 내가 산 주식이 폭락할 때 등 다양한 상황에서 교감 신경은 급박하게 작동한다. 이것은 자연스러운 것이다. 교감 신경이 작동되지 않으면 생존하지 못할지도 모른다. 우리가 알아야 할 것은 그럴 때마다 부교감 신경을 작동해줘야 한다는 것이다. 대부분의 사람들은 이를 인식하지 못하고 살아간다.

대자연에서는 육식 동물이 초식 동물을 노릴 때, 초식 동물이 육식 동물에게서 도망갈 때, 육식 동물끼리 싸울 때 동물들의 교감 신경이 극도로 활성화된다. 하지만 모든 위험이 사라지고 나면 부교감 신경이 작동된다. 예를 들어, 사자는 먹잇감을 잡는 짧은 시간 동안 교감 신경을 작동시키지만 대부분의 시간에는 그늘 아래 누워서 부교감 신경을 작동시키며 휴식을 취한다.

오늘날의 인간은 먹잇감을 좇아가는 사자와 같다. 사자와 다른 점은 부교감 신경을 작동시킬 만한 휴식 시간을 거의 갖지 않는다는 것이다. 교감 신경 상태에서 계속 머물게 되면 몸과 마음이 아프기 시작하고 각종 질환이 찾아온다. 그래서 지혜로운 사람들은 일부러 부교감 신경이 작동하도록 삶과 습관을 설계한다. 부교감 신경을 작동시키는 대표적인 활동들은 다음과 같다. 다음의 활동들을 통해 스스로에게 휴식 시간을 줄 필요가 있다.

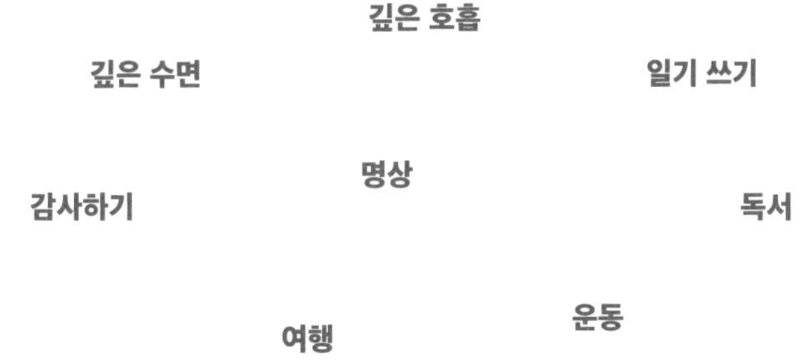

인디언들은 한참 달리다가도 멈춰 서서 자기 영혼이 따라오도록 기다린다고 한다. 이런 것이 부교감 신경을 활성화하는 방법이다. 앞의 활동 중에서 자신에게 가장 잘 맞는 것들로 휴식 시간을 만들어보자. 각자의 영혼이 따라오는지 확인하는 회복의 시간을 주기적으로 가지길 바란다.

#가장 소중한 가치 #나 자신으로 존재하기
#우리는 남이 되려고 노력할 필요가 없다

나 자신

10년 전에 직장 상사와 함께, 은퇴한 임원을 만나러 갔다. 그 당시에는 명절에 은퇴한 임원을 찾아가 인사드리는 것이 자연스러운 일이었다. 한남동에 있는 임원의 저택에 들어가서 선물을 전달하고 정원에 앉아 함께 차를 마셨다. 그분은 은퇴한 지 6개월밖에 되지 않았는데 갑자기 늙어버린 것처럼 느껴진다고 했다. 회사에서 마주칠 때는 그렇게 대하기가 어려운 분이었는데, 회사 밖에서 만나니 그냥 동네 할아버지 같았다. 회사에서 내뿜던 위엄은 거의 느낄 수가 없었다. 헤어지기 전에 그분은 이렇게 말했다.

"인생 참 덧없지. 이제야 생각해보니 나에게 남는 것이 하나도 없네. 내 인생이 아니라 남의 인생을 산 것 같아. 내 가족을 위해서 산 것이 아니라 남의 회사를 위해서 산 것 같아. 회사를 그만두니 정작 할 수 있는 것도 없고 하고 싶은 것도 없다. 너희는 너무 회사, 회사, 하지 말고 너희 인생을 챙기면서 살아."

그분은 한때 억대 연봉을 받으며 수많은 직원들을 지휘했었다. 한남동에 으리으리한 집도 소유하고 있고, 딸 둘도 미국 유학까지 보내 성공의 상징처럼 여겨지던 분이 이런 이야기를 하니 그저 엄살처럼 여겨졌다. 모든 것을 다 가졌기에 놓친 한두 가지에 대한 푸념이라고 생각했다. 그 시절 나는 그분과 같은 임원이 되는 것을 삶의 목표로 두고 있었기 때문이다.

그 이후 회사 생활에 지칠 때마다 그분의 말씀을 떠올렸다. 회사에서 임원이 되는 것이 더 많은 충성, 더 많은 업무, 더 많은 정치, 더 많은 희생, 더 많은 행운을 요구받는다는 것을 알게 될 때마다 그분의 표정이 떠올랐다. 그러자 그분처럼 모든 것을 다 이루었지만 정작 자신을 잃어버린 삶은 살기 싫어졌다. 나는 그저 나 자신으로 존재하고 싶었다.

자본주의 사회에서 가장 소중한 가치

나는 지금 잘 다니던 회사를 휴직하고 아이의 교육을 위해 캐나다에서 생활하고 있다. 직장에서의 승진에 연연하지 않았기 때문에 휴직 결정도 어렵지 않았다. 지난 10년 동안 경제적 자유를 위해 회사 외의 투자를 병행했기에 2년의 캐나다 생활비도 크게 부담되지 않았다.

하루의 대부분을 가족과 보내며 독서와 글쓰기 시간을 통해 내 존재를 확인한다. 15년 만에 처음으로 회사를 벗어났고, 한국 사회도 벗어났다. 나를 감싸던 포장지를 벗긴 오롯이 진짜 나의 모습으로 넓은 세상을 만나게 되었다. 여기에서는 내가 가진 타이틀이 전혀 의미가 없기 때문이다. 사회생활을 하면서 가졌던 모든 타이틀이 그저 포장지에 불과했던 것이다.

한국에서는 내가 어떤 대학을 나오고, 어떤 직장을 다니고, 연봉이 얼마이고, 어떤 집에 살고, 어떤 차를 가지고 있는지가 중요했다. 주변에서는 항상 나에게 기대를 걸었고, 나는 주변의 기대를 채우기 위해서 생각하고 말하고 행동해야 했다. 그 모든 것이 스트레스였다. 나 자신이 아닌 내가 되기 위해 노력하는 삶을 의미했다. 그런 것들에서 벗어나고서야 비로소 내가 되는 것이 가능해졌다.

우리가 되고 싶어 하는 부자, 우리가 이루고 싶어 하는 경제적 자유도 마찬가지다. 내가 되어가는 과정과 경제적 자유를 일치시켜야 한다. 나를 잃어버린다면 아무리 부자가 되고 경제적 자유를 이루어도 소용이 없다. '나'는 자본주의 사회를 살아가면서 결코 잃어버려서는 안 되는 가장 소중한 가치다.

노예로서의 삶과 주인으로서의 삶

10년 전, 회사와 집을 오가는 생활을 반복하며 점점 삶의 의미가 없다고 여겼었다. 나는 그저 직장의 소모품처럼 느껴졌고, 내가 가진 모든 것들이 의미 없어 보였다. 모든 것을 다 버리고 아무도 나를 모르는 나라로 훌쩍 떠나고 싶었다. 어찌나 고민이 많았던지 실행을 위해 취소할 수 없는 비행기표를 끊어 놓기도 했다. 결국 행동으로 옮기지 못했지만.

그 시절에는 온전히 나로서 존재하는 나만의 시간이 간절했다. 어느 날 서점에서 책을 읽으면서 인생에 대한 해결책을 찾기로 했다. 서점에 있는 수많은 책 중에서 분명히 내가 가지고 있는 고민에 대한 해답을 주는 책이 있을 거라고 생각했다. 나는 매주 일요일 오전에 서점에 가서 하루 종일 책을 읽었다. 6시간을 읽을 때도 있었고 8시간을 읽을 때도 있었다. 배고픔에 지칠 때까지 책을 읽었다.

일요일 오전에는 서점에 사람들이 많지 않았다. 아무도 없는 공간에서 책을 읽는 것이 그렇게 좋았다. 그 서점은 집에서 걸어서 20분 정도의 거리에 있었다. 지나고 보니 서점을 가기 위해 걷고 책을 읽고 다시 걸어 돌아오던 그 모든 시간들이 나를 나로서 존재하게 해주었다.

책을 읽는 것은 남의 이야기를 읽는 것이다. 남의 이야기를 읽고 있으면 그 이야기는 이내 나의 이야기가 되어간다. 모든 이야기를 내 상황에 맞게 투영해서 읽게 되기 때문이다. 나는 이 습관을 5년간 유지했다. 내가 인생의 해답을 찾았는지는 모르겠다. 하지만 그 습관으로 인해 나는 점점 더 내가 될 수 있었고, 나로서 더 단단해질 수 있었다.

나는 책에서 삶의 의미를 찾았지만 다른 사람은 각자의 방식을 통해 삶의 의미를 찾을 것이다. 누군가는 등산을 가고 누군가는 여행을 갈 것이다. 나는 그저 책을 읽는 것이 제일 편했을 뿐이다. 어떤 방식이든 주기적으로 온전히 나로 존재하는 시간이 필요하다고 생각한다. 그렇지 않으면 바쁜 시대를 살아가는 우리는 점점 내가 아닌 타인이 되어가고, 그게 오래 지속되면 나 자신을 잃어버릴지도 모른다.

요즘 MBTI가 유행이다. 다들 MBTI 유형에 대해 이야기하고 심지어 직장과 조직에서는 MBTI를 서로를 이해하고 리더십을 향상하는 도구로 삼기도 한다. 어떤 MBTI가 진급을 하거나 리더가 되는 데 유리하다는 분석을 내놓기도 한다. 때문에 어떤 사람들은 조직에서 본인의 MBTI를 속여서 제출하기도 하고 혹은 다른 성향으로 바꾸려고 노력하기도 한다.

우리는 남이 되려고 노력할 필요가 없다. 당신이 외향적이든 내향적이든, 말이 많든 적든, 공감을 잘하든 못하든, 상관이 없다. 나도 성격을 바꾸려고 노력한 시기가 있었는데, 정말 그럴 필요가 없는 일이었다. 나에게 제일 편한 방식은 롱런할 수 있고 내가 가장 잘할 수 있는 방식이다.

인생에서 모든 힘은 장기간에 걸쳐 축적되는 일관성에서 온다. 대단한 것들이 대단한 인생을 만드는 것이 아니라 사소한 것들을 대단히 오래 하면 대단한 인생이 만들어진다. 나에게 맞는 것을 해야 오래 할 수 있고, 오래한 것들이 결국 나를 더 나로서 존재하게 만든다. 인생에서 제일 중요한 것은 결국 나로서 존재하는 것이다. 타인이 아닌 나로서 존재할 때 결국 자본주의 사회에서도 내 가치를 인정받게 된다.

니체는 하루의 3분의 2를 자신을 위해 쓰지 않는 사람은 노예라고 말했다. 당신에게 묻고 싶다. 당신은 노예의 삶을 살고 있는가? 아니면 주인의 삶을 살고 있는가? 지금부터라도 당신 인생의 주인으로서 당당히 존재하길 바란다.

에필로그

2018년 말에 결혼을 앞둔 후배가 고민을 상담한 적이 있다. 지금까지 놀던 것을 멈추고 자산을 모아야겠는데, 어떻게 재테크를 해야 할지 모르겠다고 했다. 모아둔 자산이 많지 않아서 집을 살 수는 없고, 가장 쉬운 주식 투자를 시작하고 싶다는 이야기였다.

나는 주식 시장에 처음 들어오는 후배에게 미국 주식의 우량주나 지수에 투자하라고 조언하며 모든 노하우를 알려주었다. 사고팔고를 반복하지 마라, 좋은 주식은 꾸준히 사 모아야 한다, 우리 회사의 자사주도 좋다, 세계 최고의 혁신 기업들을 찾아서 투자해도 좋다, 달러 가치는 꾸준히 오를 것이다, 망하지 않을 회사들에 분산 투자하라, 월급의 50%는 투자해야 한다, 감당할 수 있는 규모로 투자해야 한다 등.

1년이 조금 지나 코로나 시대가 시작되었다. 갑자기 생각이 나서 후배에게 요즘 어디에 투자하고 있냐고 물어보니, 후배는 아직 투자를 시작하지 않았다고 했다. 그러면서 코로나 폭격을 맞지 않아서 너무나 다행이라고 말했다. 내가 지금이 기회라고, 코로나 초기에 투자를 시작해야 한다고 하니 후배는 나를 이상하게 바라보았다. 그러면서 상황을 좀 더 지켜보겠단다.

2020년 여름, 다시 물어보니 코로나 확산이 불안해서 투자를 하지 않고 있다고 했다. 코로나가 진정되면 투자 생각을 해보겠단다. 후배의 인생이기 때문에 더 이상 아무 말도 하지 않았다. 2021년 가을에 물어보니, 이번에는 금리 인상이 무서워서 투자를 하지 않고 있다고 말했다. 2022년 봄에 물어보니 고점 대비 주식 시장이 하락하고 있어서 투자를 할 수 없고, 몇 년 뒤 금리 인하기가 다가오면 투자하겠다고 했다.

그래서 지금까지 무엇을 했냐고 물어보니, 3년 가까이 주식 시장 공부만 했다고 한다. 하루에 1시간 이상은 공부한다면서 아주 뿌듯해했다. 어이가 없었지만 감정을 꾹 누르고 말했다. 일단 한 주라도 사라고, 그래야 진짜 공부가 된다고 말이다. 그랬더니 그 후배는 이렇게 말했다.

"계좌는 증권사를 방문해서 개설하는 건가요?"

그 이후 나는 아무 말도 하지 않았다. 생각해보자. 그 후배는 지난 3년 동안 도대체 무슨 공부를 하고 있었던 것일까? 아마도 주식 투자를 공부하면서 자기가 현실에 안주하지 않고 이렇게 공부를 한다는 자체를 위안으로 삼았던 것 같다. 그러니 여기저기 사이트만 기웃거릴 뿐, 주식 계좌 개설은 생각조차 안 했던 것이다. 세상에는 아무것도 안 하면서 투자자 흉내만 내는 사람들이 정말 많다.

평생 공부만 할 것인가? 학자라도 될 것인가? 논문을 발표하거나 책을 낼 것도 아닌데, 공부만 하고 있으면 아무것도 안 하는 것이나 마찬가지다. 매번 무섭다고 투자하지 않으면 투자는 영원히 할 수 없을 것이다. 사실 투자하기 가장 쉬운 시기는 모두가 좋다고 하는 시기인데, 그때가 사실은 고점에 가까운 가장 위험한 시기라고 생각한다. 정말 많은 사람들이 모든 것이 좋아 보이는 가장 위험한 시기에 투자를 시작한다. 후배는 월급이 잘 나오니 현실이 편안해서 움직이지 않는 듯했다. 직장 생활에 위기가 오면 그때 느낄지도 모르겠다. 문제는, 진짜 위기감을 느끼는 순간이 오면 그때는 정말 늦을지도 모른다는 것이다.

자본주의는 누가 먼저 깨닫느냐의 싸움이다. 혹시 그런 안일함을 가지고 있다면 깨끗이 날려버리라고 이 에피소드를 꺼냈다. 가장 무서운 지옥은 견딜 만한 지옥이다. 우리에게 허락된 시간이 많지 않다는 것을 명심해야 한다.

지금 힘든 날들을 보내고 있는가?

내가 아는 자수성가 부자가 있다. 아들이 커서도 혼자 힘으로 직장을 구하지 못하자 그 부자는 인맥을 통해 직장을 여러 번 구해주었지만 아들은 매번 버티지 못하고 그만두었다. 부모님이 돌아가시면 그가 재산을 온전히 관리할 수 있을지 의문이 들 정도였다. 지켜본 바로는 그의 아들에게는 성장에 필요한 진통의 시간이 없었다. 성장에 필요한 대부분의 것을 엄마가 해주었기 때문이다. 아이는 거의 모든 것을 엄마에게 의존하면서 살았다.

얼마 전, 첫째 아이가 수학 문제를 풀면서 스트레스를 받고 있었다. 계산을 하나만 도와주면 될 것 같다는 생각이 들었지만 지켜보기만 했다. 결국 아이는 문제를 스스로 풀었다. 아이는 다음에 비슷한 문제를 만나면 더 쉽게 풀 수 있을 것이다. 이렇듯 성장과정에는 꼭 필요한 진통이 있다.

한 소년이 번데기에서 빠져나오려고 안간힘을 쓰는 나비를 바라보고 있었다. 소년은 나비가 불쌍해서 쉽게 빠져나올 수 있도록 번데기의 틈을 벌리려고 했다. 그때 아버지가 소년을 말렸다. 소년의 도움 때문에 나비가 죽을 수도 있기 때문이다. 나비가 되기 위해 번데기에서 빠져 나오는 투쟁은 생존을 위해 꼭 필요한 것이다. 그 과정을 통해 나비의 날개가 강해진다. 모든 생물에게는 이러한 투쟁의 과정이 필요하다. 투쟁이 없다면 약한 곳에 머무르고, 성장하지 못한다. 우리가 겪고 있는 시련은 나비의 번데기처럼 우리를 강하게 해주는 장치다. 시련이 없으면 성장도 없다.

나도 일이 잘 안 풀릴 때마다 가끔 생각한다. 나는 지금 성장하고 있는 중이라고. 아이가 힘들어 할 때마다 생각한다. 지금 아이는 성장하고 있는 중이라고. 당신이 지금 힘든 시간을 보내고 있다면, 오히려 그 시간이 당신에게 선물을 주고 있는 것일지도 모른다. 그 시간들이 당신이 '시련에도 견뎌내는 힘'을 키우도록 돕고 있는 것일지도 모른다.

지금 편한 인생을 살고 있다면, 내리막길을 걷고 있기 때문이다. 지금 힘든 시간을 보내고 있다면, 오르막길을 걷고 있기 때문이다. 시련을 두려워하지 말자. 살면서 마주하는 크고 작은 시련들이 사실은 우리 인생의 선물이다.

부의 통찰

2022년 8월 17일 초판 1쇄 발행
2023년 11월 22일 초판 4쇄 발행

지은이 | 부아c
펴낸이 | 이종춘
펴낸곳 | (주)첨단

주소 | 서울시 마포구 양화로 127 (서교동) 첨단빌딩 3층
전화 | 02-338-9151
팩스 | 02-338-9155
인터넷 홈페이지 | www.goldenowl.co.kr
출판등록 | 2000년 2월 15일 제2000-000035호

본부장 | 홍종훈
편집 | 문다해
교정 | 강현주
본문 디자인 | 조수빈
전략마케팅 | 구본철, 차정욱, 오영일, 나진호, 강호묵
제작 | 김유석
경영지원 | 윤정희, 이금선, 최미숙

ISBN 978-89-6030-607-3 03320

• BM **황금부엉이**는 (주)첨단의 단행본 출판 브랜드입니다.